正能力十书

妥协的智慧

掩卷 编著

二十一世纪出版社集团
21st Century Publishing Group
全国百佳出版社

图书在版编目（CIP）数据

妥协的智慧 / 掩卷编著. -- 南昌 ： 二十一世纪出版社集团，2018.6

ISBN 978-7-5568-2763-3

Ⅰ. ①妥… Ⅱ. ①掩… Ⅲ. ①成功心理—通俗读物 Ⅳ. ①B848.4-49

中国版本图书馆 CIP 数据核字 (2017) 第 144111 号

妥协的智慧 掩卷/编著

策　　划　张　明
责任编辑　敖登格日乐
出版发行　二十一世纪出版社集团
（江西省南昌市子安路75号　330009）
www.21cccc.com　cc21@163.net
出 版 人　张秋林
经　　销　新华书店
印　　刷　北京正合鼎业印刷技术有限公司
版　　次　2018年6月第1版　2018年6月第1次印刷
开　　本　787mm × 1092mm　1/16
印　　张　16
字　　数　240千字
书　　号　ISBN 978-7-5568-2763-3
定　　价　39.80元

赣版权登字—04—2017—532

目录

礼义卷

第一

原文

事君尽忠，人臣大节；苟利社稷，死生不夺。杲卿之骂禄山，痛不知于断舌；张巡之守睢阳，烹不怜于爱妾。养子环刃而侮骂，真卿誓死于希烈。忠肝义胆，千古不灭。在地则为河岳，在天则为日月。高爵重禄，世受国恩。一朝难作，卖国图身。何面目以对天地，终受罚于鬼神。昭昭信史，书曰叛臣。噫，可不忍欤！（《劝忍百箴》）

译文

侍奉君主应当忠心耿耿，这是做臣子的最大节操；假如有利于国家，生死都要听其自然。颜杲卿曾大骂安禄山，舌头被割都不知道疼痛；张巡为了固守睢阳城，在绝粮之时把爱妾杀了给士兵吃，似乎一点也不知道爱怜。颜真卿奉旨去叛军李希烈处宣诏，李希烈让养子三千多名绕成圈子侮骂他，并拿出刀来吓唬他，颜真卿毫不惧怕，誓死不屈。忠肝义胆的美名，一千年也不会消失。这种人在地上是河山，在天上则是日月。那些担任高官厚禄的官员，世代受到国君的恩典。一旦朝廷发生患难，就出卖国家保全自己的性命。这种做法有什么脸面来面对天地呢，最终他们会受到鬼神的惩罚。那些光明正大的史书，是会把他们当作叛臣写入史册的。唉，为国尽忠，怎能不尽心尽力而忍受非常的痛苦与磨难呢！

解读

古之忠臣难做，因为要经历常人难忍之磨难。但这是为臣之最大的节操，以上提到的颜氏兄弟就是最有名的两位。在我们这个集体无节操的年代，这也许是最珍贵的。

案例

爱国忠臣——屈原

在我国的历史上有很多忠君爱国之士，他们为了自己的君主和国家殚精竭虑，死而后已，这其中最有名的莫过于屈原了。

东周时期，经过几百年的艰苦奋斗，楚国从春秋初年的一个南迁的诸侯国成为战国时期立威定霸的领土最多的诸侯国。战国末年，狼烟四起，楚国有着同秦、齐一样争霸天下的实力，屈原就生活在这样复杂的斗争环境中。

屈原出身高贵，胸怀大志。早年楚怀王非常信任他，任命他担任了类似于现在外交部部长的官职，他经常与王议事，主张联合齐国抵抗秦国，通过一系列的整治措施，楚国的实力日益增强。屈原为人正直，在平时的交往中不愿与他人同流合污，这遭到了一些人的怨恨，加上秦国使者张仪贿赂了当时在楚国地位很高的大臣子兰、楚怀王的宠妃郑袖等人，他们开始在楚怀王面前诋毁屈原。当时的上官大夫对楚怀王说："屈原这个人每次有了功绩都会说，这件事多亏有他屈原在啊！"在这种情况下，楚怀王大怒，不但疏远了屈原，而且在黄棘之盟后将其彻底地逐出了楚国的都城，屈原开始了流放生涯。楚怀王死后，屈原短暂地回归了故土，但又被楚襄王放逐到江南。

屈原在流放的过程中，并没有改变自己的爱国心志和忠君行为，他无时无刻不思念自己的国家和故主，所以他即使有机会去其他诸侯国施展自己的政治抱负，也不忍离开楚国一步。对屈原来讲，自己被放逐并不是最痛心的事情，他最担心的是国家将要败亡，最担心的是人民就要遭受到更多的苦难了。这样深切的情感全部凝聚在了自己的作品中。屈原在《橘颂》中歌颂了"深固难徙"的橘子树，用来表达自己对故土的热恋，在《国殇》中悼念了为了国家战死的将士们，说这些将士们的魂魄也是阴间的英雄。

公元前278年，秦国的大将白起攻破了楚国国都郢，楚国宣告灭亡，屈原写下了著名的作品《哀郢》，其中说"鸟飞反故乡兮，狐死必首丘"，在报国无门的人生尽头，屈原以死明志，在五月初五这天抱着大石头自沉汨罗江，楚国的人民听说后，无不悲痛。

在战国时期“楚材晋用”的整体环境中，屈原对楚国的深情和以身殉国的慷慨行为实在是难能可贵的。我们固然不要求大家的爱国情怀都体现为自杀殉国，但是这种在困苦环境中依然对国家、人民忠心的行为，在艰难处境中不改意志的高洁品质是我们应当继承的。

原文

父母之恩与天地等。人子事亲，存乎孝敬，怡声下气，昏定晨省。难莫难于舜之为子，焚廪掩井，欲置之死，耕于历山，号泣而已。冤莫冤于申生伯奇，父信母谗，命不敢违。祭胡为而地坟，蜂胡为而在衣？盖事难事之父母，方见人子之纯孝。爱恶不当疑，曲直何敢较？为子不孝，厥罪非轻。国有刀锯，天有雷霆。噫，可不忍欤！（《劝忍百箴》）

译文

父母的恩情同天地一样宽广博大。做子女的侍奉双亲，主要就是要孝敬，要和颜悦色，晚上让父母安定，早上向父母请安。为人子没有比舜更难的了，舜的父母让他把仓廪封上泥，却搬走梯子，放火烧了仓廪，舜凭借两个斗笠下来，得以不死；舜的父母让舜凿井，却用土把井填起来，舜从隐藏的空隙爬出来又得不死；舜在历山耕种时，天天对着苍天哭叫，却要承担父母的罪行。人遭受的冤枉没有比申生和伯奇更大的了，申生由于父亲晋献公相信后母的谗言，不敢违抗父命，而吊死在新城之上；伯奇被后母设计陷害而遭到父亲的怀疑，伯奇不能洗刷屈辱而自杀身亡。祭祀，为什么泥地却起了坟堆呢？毒蜂，为什么要在伯奇后母的衣服上呢？服侍难以侍奉的父母，才能看出做儿子的纯孝。父母是喜欢还是厌恶他，不应该生疑，究竟是正确还是不正确，哪里敢计较呢？做子女的如果不守孝道，他的罪实在不轻啊。那么国家就有刀锯之类的刑具来惩罚他，上天也有雷霆来轰击他。唉，做孝子怎能不忍受父母对自己的训斥和折磨呢！

解读

中国向来重视孝道，这是传统美德之一。在现今中国走进老龄化之时，提倡孝道正逢其时，但由于代沟，面对父母的不理解，子女该如何做呢，忍为上吧。

案例

卧冰求鲤的王祥

孝是儒家伦理思想中很重要的一个部分，元代人郭居敬精心选择了古代历史上24名孝子的故事辑录成集，是为《二十四孝》，像北宋时期著名的诗人、书法家黄庭坚就赫然在册。其实在《二十四孝》中，能够和舜一样忍受后母对自己的苛刻要求，并且待亲至孝的是一个叫王祥的人。

王祥是三国时期曹魏和后来取代曹魏之西晋的大臣，父亲叫王融，母亲是薛氏。在王祥很小的时候，他的亲生母亲薛氏就去世了，王融娶了朱氏做其后母。朱氏对王祥非常不好，曾经多次在王融面前说王祥的坏话，久而久之，王融也就不喜欢他了，常常让他做打扫牛圈、羊圈这些下人才做的事情。即使如此，王祥也没有任何埋怨，他对双亲的态度反而更加恭敬了。如果父母得病，王祥必定衣不解带伺候身边，汤药也得自己先尝过以后才送到父母手中。朱氏让王祥守护家里结满果子的沙果树，王祥就认真看守，如果刮风下雨使得沙果受损，王祥就会抱树而哭，认为是自己没有完成母亲交给的任务。

即使这样，朱氏还是很讨厌王祥，甚至想亲手除掉他，有一天，朱氏拿着刀去砍睡觉的王祥，因其如厕以躲过一劫，可是王祥得知朱氏杀自己未果颇为懊丧的时候，就认为自己还是不能满足母亲的要求。他主动找到朱氏，跪在母亲面前，请求母亲杀死自己。这样至真至纯的“孝”终于感动了继母，从此以后朱氏就像对待亲生儿子那样对待王祥了。

有一年冬天，朱氏忽然想吃鲤鱼，王祥二话不说，脱下衣服卧在河面上将冰融化为母亲抓鱼，冰雪融化后，河里果然跳出了两条鲤鱼，这个故事是很有名的“卧冰求鲤”的传说。还有一回，朱氏对王祥说很想吃烧黄雀，没有多久就有数十只黄雀自己飞进了屋中，也可能是因为王祥“孝感动天”的结果吧！后来朱氏离世的时候，王祥非常悲痛，伤心得病倒了，休养了一段时间后还得拄着拐杖才能起身。由此可见，王祥的孝是发自内心的，是专诚而纯正的。

在现代社会中，父母与孩子对待事物的态度必然存在差异，有时候难免会有比较激烈的矛盾出现，但是与王祥继母的故意刁难相比都算不上什么，只要我们心怀孝道，那么和父母的关系一定是融洽和谐的。

原文

仁者如射，不怨胜己；横逆待我，自反而已。夫子不切齿于桓魋三害，孟子不芥蒂于臧仓之毁。人欲万端，难灭天理。彼以其暴，我以吾仁；齿刚易毁，舌柔独存。强怒而行，求仁莫近；克己为仁，请服斯训。噫，可不忍欤！（《劝忍百箴》）

译文

为仁的人好像射箭，必先端正自己，发射之后如果没有射中，也不怪胜过自己的人；别人用非常粗暴的态度对待我，我一定要反过来自省。孔子对桓魋的多次相害不以为意，孟子也不在乎臧仓的诋毁。人的欲望何止千万个啊，但怎么灭了天理呢。他靠他的粗暴，我靠我的仁德，牙齿坚硬易崩坏脱落，而柔软的舌头却能长存下来。鼓励自己以忠恕之道作为行为的准则，求仁就没有比它更近的了；克制自己的私欲就是仁了，请接受这个训导。唉，实现仁德怎能没有忍耐之心呢！

解读

行仁之人有时要面对很多难为之事，这就需要有克己之心、忠恕之道，不要以为这是软弱的表现，正是这些忍耐之心，才会成为万师所表。

案例

孔子的“三八二十三”

颜回是孔子最为得意的门生，汉代“罢黜百家，独尊儒术”之后，他更是被列为七十二贤之首。颜回追随孔子周游列国，从来不离孔子一步，尊敬师长，对孔子无事不从、无言不悦，但是颜回在孔子“三八二十三”的论断后也曾经离孔子而去。

一天，颜回在集市上听到卖布者和买布者在争吵，卖家说自己的缟素一尺八钱，对方买了三尺应当给二十四钱，但是买布者坚称三八二十三，所以只给对方二十三钱。颜回对买布者说是他的错误，买布者不承认，还说只有找孔子才能明辨是非，并与颜回打赌。颜回说若自己输了赔上头上带的冠，买布者说如果自己输了就赔上脑袋。孔子得知事情的经过判了买布者胜，颜回虽然恭敬地献出了自己的帽子，但是心里以为老师已经老糊涂了，于是借故家中有事，准备离开孔子。孔子听到颜回请假回家，就叮嘱他说了一句话：“千年古树莫存身，杀人不明勿动手。”颜回随口答应走上了归途。

回家路上适逢下雨，颜回本想在大树下避雨，但是想到了老师对自己的嘱托，就离开大树，而他刚刚走出来，树就被雷劈倒了，颜回大吃一惊。走到家以后天色已晚，他进房中看到妻子与他人同床，怒从心头起，随即又想到老师嘱咐的第二句话，就细细查看了一下，发现与妻子同床者竟是自己的小姨子。

天亮了，颜回赶紧返回孔子处，感激孔子救了自己、妻子和小姨子三条人命，他无不疑惑地询问老师：“您怎么会事先知道要发生的事情呢？”孔子回答道：“昨天天气闷热，应当有雨，所以告诉你千年古树莫存身；你走的时候身带佩剑，因此才告诫你杀人不明勿动手啊！”孔子接着说：“我知道你认为我老糊涂了，所以才借口家中有事离开的，但是你想想，我说三八二十三不过让你输了一顶冠，若说三八二十四就会输掉买布者的一条命了！两者相比哪个重要呢？”

孔子作为儒家思想的创始人，深知仁德的重要性，在实施中也能够看得出轻重缓急，他在面临选择的时候，发现了更值得珍重的东西，这种宽大的胸怀的确非常人所能及，这种“重大义而轻小是非”的高贵的品质对我们现代人来讲是多么重要啊！

原文

义者，宜也。以之制事，义所当为，虽死不避；义所当诛，虽亲不庇；义所当举，虽仇不弃。李笃忘家以救张俭，祈奚忘怨而进解狐。吕蒙不以乡人干令而不戳，孔明不以爱客败绩而不诛。叔向数叔鱼之恶，实遗直也；石碏行石厚之戮，其灭亲乎？当断不断，是为懦夫。勿行不义，勿杀不幸。噫，可不忍欤！（《劝忍百箴》）

译文

所谓义，就是为人处世公正合理。按照义的准则来处理事务，凡是义所应当做的，即使是死也不能躲避；凡是义所应当除去的，虽是自己的亲戚，也决不应庇护；凡是义所应当举荐的，虽然是自己的仇人，也决不能抛弃他。李笃舍生忘死，不顾全家人的性命而救张俭，祁奚不记仇怨而推荐解弧。吕蒙不因为是同乡人冒犯了军令而不杀他，诸葛亮不因为马谡是自己的爱将在街亭之战中的败绩而不杀他。叔向数列叔鱼的罪恶，孔子认为他是古代遗留下来的正直之人；石碏曾借机把自己的儿子以及谋杀桓公的公子州等除去，这不就是大义灭亲的行为吗？应当决断的时候却不决断，这是懦夫的行为啊。不要做不合乎道义的事，不要滥杀无罪的人。唉，施行仁义怎能没有忍耐之心呢？

解读

古人在提倡仁的时候，也讲求义，义就是坚持一种公平公正，哪怕是自己的亲属，如果不行正路，也要大义灭亲。现在这个贪腐横行的时代，怎能没有义呢，但做起来难呀。

案例

大义灭亲包青天

在自己的亲人和公正合理的原则不可两全的时候，我们经常难以选择，可是古人的一些行为却能够带给我们更深的思索。

包拯是宋朝庐州府人氏，为其家中最小的孩子，他出生没有多久母亲就去世了，此时自己的大嫂也刚刚生下侄子包勉不久，他的嫂子看到包拯无人喂养甚为可怜，就将其抱回来自己哺育。一次，包拯的大哥买了一个拨浪鼓，小包拯和小包勉都想得到这个玩具，包拯的大嫂宁可让自己的儿子哭泣也要把拨浪鼓给包拯玩耍，甚至在抢夺中把包勉的手给弄伤了，但也仅仅是用香炉灰覆盖止血，因此落下了疤痕。

时光荏苒，包拯成了大宋有名的青天大老爷，当他担任巡按使到达赤桑镇的时候，碰到了一个老婆婆——肖刘氏，她状告包拯的侄子包勉强奸并杀害了自己的儿媳，打死了自己的儿子，摔死了自己的孙子。包拯并没有因凶手是自己的侄子就姑息养奸，他准了状子，还派手下去抓人。

包勉找到自己的婶子——包拯的夫人李氏为其说情，李氏将当年那个拨浪鼓拿出来希望包拯能够看在大嫂的情面上饶恕包勉的性命。包拯没有被亲情打动，毅然找到了包勉，将其捉拿归案。包勉见到包拯伸手让叔叔看自己手上的疤痕，包拯也不为所动，吩咐手下开铡执刑。

在我们这个贪腐横行的时代，包拯的行为是不是带给我们很大的震动呢？无独有偶，按照大义的准则来处理事务不仅仅是儒生所追求的人生目标，墨家思想也强调了义的重要性。《吕氏春秋》中就讲了这样一个故事。

墨家的首领叫作钜子，战国时期钜子腹䵍住在秦国。腹䵍的儿子杀了人，照例当斩，秦惠文王对腹䵍说："先生您的年龄已经很大了，也没有其他的后人，现在我已经告诉了下边的官吏，赦免您儿子的死罪，在这件事情上，先生您就听从我的安排吧！"腹䵍回答说："杀人就要判以死罪，这是墨家的法令，更是天下的大义，即使君王赦免了他，我也要按照墨家法令让他杀人偿命。"

由此我们可以看到大公无私其实是世人所共同尊重的一种精神，所以大义当前，我们应当像古书中说的那样：法立刑必，贵在去私。

原文

天理之节文，人心之检制。出门如见大宾，使民如承大祭。当以敬为主，非一朝之可废。锄麑屈于宣子之恭敬，汉兵弭于鲁城之守礼。郭泰识茅容于避雨之时，晋臣知冀缺于耕馌之际。季路结缨于垂死，曾子易箦于将毙。噫，可不忍欤！（《劝忍百箴》）

译文

礼是根据上天的旨意所制定的一种行为规范，它是用来约束人民的。所以孔子说，出门像迎接贵宾，使用民众时像举行祭祀。礼应当以尊敬为主，不是一朝就能废除的。刺客锄麑由于被赵宣子的恭敬感动，没有杀赵宣子，便触槐自杀了；汉高祖的大军围攻鲁国，却因为他们是遵守礼义的国家，所以罢兵不战。郭泰在避雨的时候认识了茅容，进而熟悉了解了他的贤明；晋国臼季也是在田边看到郤缺和送饭给他的妻子相敬如宾的情景，而知郤缺是个深懂礼义的人，从而推荐他当了晋文公的大夫啊。季路临死时还要系好帽子，曾子临死时还不忘要换席子。唉，恪守礼数怎能没有忍心呢！

解读

知礼之人就要时时刻刻都约束自己，这是很难的事。要想养成知礼之家，需要三代人呀，可见礼义需要下多大的功夫。

案例

燕昭王礼贤下士

春秋战国时期，战争四起，当时有一部分人叫作“士”，他们都是一定领域内的佼佼者，很多国君贵族正是得到了他们的帮助和支持才在当时称霸。士人都有着高尚的情操，并非一般人所能驱使，战国时期的燕昭王礼贤下士，很多士人都愿意为其赴汤蹈火。

燕昭王成为燕国国君的时候，燕国差点被齐国灭掉，所以燕昭王一心复仇，他找到老臣郭隗询问富国强兵之方，郭隗为其讲了古代国君千两黄金购买已亡的千里马的故事。燕昭王受到这个故事的启发，回去以后派人专门为郭隗造了一所豪宅居住，还拜其为师。为了表达自己礼贤下士的决心，燕昭王就在沂水的旁边，建筑了一座高台，并且在高台上放置大量的黄金，只要有贤明之士来到燕国，这些黄金就作为见面礼送与来人，这个高台后来被人称为“黄金台”。天下有才华的人听说了这件事，从中看到了燕昭王的礼义，所以纷纷赶到燕国。

燕昭王对来到自己国家的有才之人全都礼遇有加，当时天下有名的阴阳家邹衍到达的时候，燕昭王亲自用自己华美的衣服袖子裹上扫帚，一边后退一边扫地为邹衍开路，坐座位的时候他又主动坐到了弟子应该坐的位置上，恳请邹衍为自己讲学。

后来魏国人乐毅来到了燕国，燕昭王拜其为亚卿，掌管全国的军队。乐毅是极具军事才华的，他联合其他诸侯国的军队杀得齐军片甲不留，为燕国报了深仇血恨。此时的太子诬陷乐毅，燕昭王大为生气，痛斥并且杖责了太子，派使者劝勉安慰乐毅。正是因为燕昭王对其施以礼义，乐毅才能为其赴汤蹈火，攻进齐国，仅两城未下。

燕昭王去世以后，太子即位，是为燕惠王。燕惠王因与乐毅有嫌隙，又中了敌方的反间计，将乐毅召回。乐毅看到燕惠王对自己的态度，愤然去燕就赵。没有多久，齐国就大败燕军，收复了所有失地，燕惠王不知自省，还致信乐毅埋怨对方。

燕昭王礼贤下士，以一国之君尚时时约束自己，终于得到四方有识之士的支持，大家群力群策成就了一番大的事业，燕国也与其他大国一样在战国时期称雄。其子惠王顾念一己之私，听信小人之言，不能以礼义待下属，从而使得前辈的胜利成果付诸东流，真是可悲可叹啊！

原文

樗里、晁错俱称智囊，一以滑稽而全，一以直义而亡。盖人之不可智用之，过则怨集而祸至。故宁武之智，仲尼称美；智不如葵，鲍庄断趾。士会以三掩人于朝，而杖其子；闻一知十之颜回，隐于如愚而不试。噫，可不忍欤！（《劝忍百箴》）

译文

樗里和晁错都被称为智囊，而樗里子为人圆滑，善于谄媚而保全性命；晁错却因为性情耿直、敢说敢为而被杀害。人不能没有智谋，但智谋用多了则会招来别人的怨恨，而导致灾祸。所以，宁俞这个在国家安定时就聪明，在国家乱时就装傻的人很得孔子的称赞；鲍庄的智谋不如葵花，居然连自己也保护不了，以至于被砍了脚。士会在朝廷上逞能猜中秦国客人出的三个哑谜，他的父亲知道后就拿木杖打了他；听到一件事就能知道十件事的颜回，表面看起来很笨，其实很聪明。有智慧和见识的人能够不夸耀自己，做到大智若坚愚才能不断增长智慧。唉，人怎能不学会忍让呢！

解读

中国人在讲智慧时，往往用大智若愚来说。因为世途凶险，有时聪明反被聪明误。不要因为自己的聪明就有傲慢之态，有时装得笨一点儿，反而是对自己的保护。

案例

杨修之死

人生在世，聪明智慧固然重要，但是倘若一味地显示自己的智谋有时候会为自己招来杀身之祸，三国时期的杨修正是聪明反被聪明误，丢掉了卿卿性命的例子。

杨修是当时著名的文学家，天性聪明，有一次曹操建造了一座花园，花园落成之日曹操前去视察，没有做出任何褒贬之词，仅仅在门上写了一个“活”字，众人都不解，唯有杨修了解了曹操的心意，即门内一活是为“阔”字，可见曹操是嫌花园的门太小了。

还有一次，曹操在塞北进贡的一合酥上写上了“一合酥”三字，杨修见后二话不说竟然将酥与众人分享了，曹操问他为何，他回答说：“盒子上写了一人一口酥[1]啊！”曹操虽然表面上没说什么，但是心中开始讨厌杨修。

大家都知道曹操是非常多疑的，所以他时刻提防有人害自己，于是吩咐下人：“我这人梦中爱杀人，所以我睡觉的时候你们千万不要靠近我。”有天晚上，曹操睡觉的时候被子掉到了地上，他的贴身侍卫为其盖被就被曹操斩于刀下，等半夜起来的时候，曹操装作不知道的样子很吃惊地问是谁杀死了自己的侍卫，众人以实情相告，曹操哭着厚葬了侍卫。只有杨修看出了曹操的真实想法，他对曹操说：“不是丞相在梦中，是你在梦中呀！”曹操听到杨修的话后就更加讨厌杨修了。

公元219年，曹军和刘备的蜀军胶着着相持不下，曹操又想进兵又想收兵，此时大将夏侯惇来到帐中问今夜的口令，正在犹豫的曹操看到厨师送来的鸡汤中有鸡肋，就随口说道“鸡肋！”于是该夜军中的口号就变成了“鸡肋”。这个口令一般人都只是执行，可是杨修却从中看到了曹操的心意，知道曹军前进不能胜，后退又恐遭耻笑，所以在这里毫无益处，指日定可班师回朝。夏侯惇素知杨修的才华，从而导致全军都跟从杨修收拾行囊准备回朝。这件事被曹操知道了，曹操大怒，说杨修造谣生事扰乱军心，就命人将其斩首，首级悬挂在辕门之上。

---

[1] 古代的字是竖着写的，“一合酥”竖着看就是“一人一口酥”。

杨修聪明至极，可以从曹操的语言行为中看出其真实意图，但是他不会正确地使用自己的聪明，屡次触犯曹操的禁忌，最后丢掉了自己的性命。虽然曹蜀的战争形式最后像杨修预测的那样发展下去，曹操也厚葬了他，但是杨修再料事如神也不能挽救自己的性命了。

原文

自古皆有死，民无信不立。尾生以死信而得名，解扬以承信而释劫。范张不爽约于鸡黍，魏侯不失信于田猎。世有薄俗，口是心非。颊舌自动，肝膈不知。敢怨之道，种祸之基。诳楚六里，勿效张仪；朝济夕版，曲在晋师。噫，可不忍欤！（《劝忍百箴》）

译文

自古以来，人都是要死的，但一个人如果没有信用就不能立身。尾生这个人由于守信用而被水淹死，因此他守信的名声也广为流传。解扬是晋国大夫，因为听从命令、恪守信义而被释放，免于一死。范式和张劭年轻时在太学游学，因很友好而相约两年后的某天范式去拜望张劭的母亲，后来范式果然没有负约；魏文侯跟虞人约定好去打猎，虽然那天下起了雨，但他仍然去了，没有失信于人。世上有轻薄的风俗，往往口是心非。说话由着舌头自己动，而内心想的却不被人知道。这是招来怨恨的途径，能埋下祸患的种子。不要效仿张仪，以六里地来欺骗楚怀王；晋惠王早上得到秦人帮助而渡河回国，晚上就修筑工事与秦为敌，遭到秦国的讨伐，这也是晋国人理屈啊。唉，坚守信用，怎能没有忍耐之心呢！

解读

人无信不立，但承诺很容易，做到却很难。因为在承诺后会产生很多变化，让信用产生动摇，如何在变化中仍然坚持不变，这的确需要强大的忍耐之心。

案例

千里如期和烽火戏诸侯

信，从古至今都是我们共同认同的道德信仰，汉儒将其列为五常之一。的确，在我们的生活中，这是我们不可缺失的美德。历史上有很多重承诺之人，尾生在洪水中抱柱而亡只为遵守自己的誓言，汉人常说："黄金千两，不如季布一诺。"有多少普通人士都恪守着这样美好的品德！

晋人虞预的《会稽典录》中记录了这样一个故事。

浙江人卓公行非常讲信用，只要是他允诺之事定会按时执行。有一次他回老家之前向诸葛恪辞行，诸葛恪问他归期，卓公行允诺某日。到了那天的时候，诸葛恪就在府中宴请宾客，饮酒品菜，说是等候卓公行。

因为古代交通不发达，从诸葛恪在的建业到卓公行的老家绍兴来回要两千多里路，加之路途艰险，气候难测，所以很多宾客都认为卓公行难以如期到达。可是不管宾客如何猜测，诸葛恪坚信卓公行定会赶到。果不其然，卓公行于当日到达诸葛府中，所有的人都很惊诧。其实，这不过是卓公行恪守着自己的誓言罢了。

人若能保有诚信，那么他就会受到别人的尊重；反之，不但让人讨厌，更会招来杀身之祸。

西周时期为了防备犬戎的袭扰，就在都城镐京附近修筑了烽火台，一旦异族入侵就点狼烟以报信，各诸侯就马上率兵前来救王。大家约定了这样的救主方式，并且一直沿用。到了周幽王的时候，他为了让褒姒展开笑颜，居然烽火戏诸侯，拿国家大事开玩笑，害得各诸侯国千里救王。过了不久战争真正开始的时候却没有一个诸侯军赶来帮他抵御外敌了，而周幽王也就成了西周的亡国之君。这与寓言故事《狼来了》是何其相似啊！

孟子说："诚者，天之道也；思诚者，人之道也。"当今社会看起来仿佛诚信已失，类似"彭宇案"的事件越来越多地被曝光，我们的诚信遭受到了前所未有的质疑。其实，让我们放眼历史，从古人的诚信故事中攫取力量，从古人失信的悲剧中寻找教训，我们坚信诚信之花还是会在神州大地开放的。

原文

暴虎冯河，圣门不许；临事而惧，夫子所与。黝之与舍，二子养勇，不如孟子，其心不动。故君子有勇而无义，为乱；小人有勇而无义，为盗。圣人格言，百世诏诰。噫，可不忍欤！（《劝忍百箴》）

译文

赤手空拳去和老虎搏斗，不乘船只而涉水过河，这是孔子不赞成的做法；遇到事情的时候，一定要小心谨慎，这才是孔子所教导的。北宫黝和孟施舍二人培养勇武气势，比不上孟子尽心知性的不动心，进而无所惧。所以君子如果恃勇而没有道义，就会犯上作乱；小人如果恃勇而不讲道义，就会做强盗。孔子和孟子这些圣人的格言，应当世世代代作为人们的座右铭。唉，人怎么可逞一时之勇而不忍耐呢！

解读

人不能只有匹夫之勇，遇到什么事，不管自己懂不懂就冲上去，这样只会害了自己。所以要善于忍耐，做到小心谨慎，等到时机成熟再行动。

案例

卧薪尝胆的勾践

孔子说“三思而后行”，就是告诉我们做任何事情之前都要思索再三，只有时机成熟方可行动。春秋时期勾践忍得一时之辱，卧薪尝胆，终于成就了霸业。

勾践曾经打败过吴王阖闾，阖闾因此死去了，临死之前他嘱托自己的儿子：“不要忘记找越国报仇。”夫差即位以后，时刻提醒自己要报仇，他重用伍子胥日夜操练兵马，最终大败越国，还把越王勾践抓到了吴国。

勾践成为敌人的阶下囚后并没有逞一时之勇，他忍受了夫差的各种羞辱，看墓、牧马、牵马等奴才们才做的事情，他都尽心尽力地做好，夫差生病的时候，他还尽心伺候，勾践终于用自己的行动换来了回国的机会。

勾践回国以后依旧睡在柴垛上，吃饭前会先尝一口挂在面前的苦胆用来提醒自己不要忘记报仇雪恨。他亲自和老百姓们一起耕种，自己的夫人也与普通妇女一样织布，他任用了文种管理内政，任用了范蠡操练军队，全国上下一心，国力日益强盛。勾践为了麻痹夫差，还将全国最漂亮的女子西施送给夫差为妃。

吴国的大臣伍子胥多次上书吴王希望能够彻底灭掉勾践，夫差根本听不进去，后来找机会逼迫伍子胥自杀。伍子胥死前说道：“我死以后请将我的眼珠挖出来放在吴国的东门，一定让我看看勾践是如何攻入吴国的。”果然，正如伍子胥预言的那样，公元前475年，越王勾践率军包围了吴国，夫差羞愧地遮住自己的脸自杀了。

在双方对峙中，夫差一味按照自己的心意行事，而勾践却不逞一时之勇，他极力忍耐，不让自己的真实想法暴露在夫差面前，终于为自己赢得了机会，也因此成就了一番霸业。

同样，楚汉相争中，刘邦和项羽约定先进咸阳者为王，刘邦虽先进了咸阳，但是其当时的实力与项羽无法抗衡，所以忍得一时之恨，退守蜀中地区，还一把火烧了栈道。这和当年勾践的忍耐何其相似，而结果也是何其相似，刘邦最终暗度陈仓，在秦末的混乱时局中脱颖而出，成为了大汉王国的开国皇帝。

所以，当局势对我们不利的时候，我们尽可能地不要逞一时之快，要“三思而行”，只有这样才能在忍耐的最终寻得一片明媚的春光。

原文

晋有伯宗，直言致害；虽有贤妻，不听其诫。札爱叔向，临别相劝：君子好直，思免于难。直哉史鱼，终身如矢。以尸谏君，虽死不死。夫子称之，闻者兴起。时有污隆，直道不容。曲而如钩，乃得封侯。直而如弦，死于道边。枉道事人，隳名丧节；直道事人，身婴本铁。噫，可不忍欤！（《劝忍百箴》）

译文

晋国的大夫伯宗，因喜欢讲真话而被人诬陷致死；他虽然有个贤惠的妻子，经常告诫他真性子的恶果，但他仍然听不进去。吴子季札与晋国的叔向非常友爱，季札将要离开的时候，劝诫叔向说：“你性情正直，一定要考虑怎样才能免去灾祸。”正直无私的史鱼，终身做官品行好得像箭一样直。他死后还要用尸身来规劝君主改正错误，任用贤能，这样的人虽然死了，但人们认为他还活着。孔子表彰史鱼，知道这事的人纷纷效法史鱼。世事有奸邪和隆盛之分，正确的道理往往很难被人容忍。为人圆滑弯曲如钩的人被封为王侯。为人正直如弦者则被人害死，弃尸道路旁边。根据不正直的道理为人处世，就会毁名丧节；而根据正直的原则为人，就有可能会被剪去毛发，锁在铁器上受辱。唉，人怎么不学会忍呢！

解读

因为世道的曲折，所以人不能太正直，要学会圆滑处事。因为太直就会伤人，伤人就会有怨恨，自然就不可能全身。

案例

纪晓岚的巧解和方孝孺的硬气

自然界存在着一种动物，叫作变色龙，它们能够根据环境的不同改变自己的肤色，以达到保护自己的目的，人也应当如此。世道艰险，我们要想全身而退，应当学会圆滑处世，要适应时代的需求，否则不但不能全身而退，还有可能给自己或者别人带来很大的灾难。

纪晓岚是乾隆时期的名臣，他游走于帝王身边，一生平顺，这和他的为人处世有着很大的关系。纪晓岚特别怕热，尤其到了夏天在南书房值班的时候，他经常赤膊乘凉。乾隆听说以后故意去南书房戏弄纪晓岚。别人看到皇上来了都赶紧穿戴整齐，唯独纪晓岚因为眼睛近视没来得及穿戴，皇上走进来以后他就躲到了椅子底下。谁想皇上总也不走，纪晓岚忍耐不住探出头来问："老头子走了吗？"乾隆听后和众臣忍不住发笑，皇上吩咐太监给纪晓岚穿好衣服，质问他"老头子"三字该做如何解释。纪晓岚巧妙地回答道："万寿无疆叫作'老'；顶天立地、至高无上就是'头'；天父与地母是皇上的父母，所以叫'子'。"

纪晓岚如此机敏的反应，如此圆滑的回答，如此高超的马屁，龙颜不大悦都不行呢！当然，历史上还有一些人，恪守着自己的原则不懂变通，得罪了皇上招致了灾祸，其中遭祸最重的就是明朝早期的方孝孺了。

方孝孺是中国历史上的大儒，朱棣进北京之前，身边的高僧姚广孝深知方孝孺刚直硬气，所以一早就请求朱棣手下留情，否则天下的"读书种子"将不复存在，朱棣答应了姚广孝的请求。

谁知道，在金銮殿上朱棣要求方孝孺为他起草登基的诏书，方孝孺拒绝起草，并且将笔扔在地上，一边骂一边哭，还大声说道："死了就死了，这个诏书是万万不能起草的。"明成祖朱棣大怒，于是诛杀了方孝孺的十族，这在历史上可谓是空前绝后的大灾难。我们常常听说株连九族，可是方孝孺因其不知变通却惨遭灭十族的命运。历史记载，因此事死去的有八百多人，充军、流放的几千人。

方孝孺不能不说是正直之士，但是"水至清则无鱼"，过于正直而不懂得变通自然不太容易在这个社会立足，想必纪晓岚和方孝孺两人的故事会带给我们深深的思索。

原文

古之义士，虽死不避。栾布哭彭，郭亮丧孝。王修葬谭，操嘉其义。晦送杨凭，擢为御史。此其用心，纯乎天理。后之薄俗奔走利欲，利在友则卖友，利在国则卖国。回视古人，有何面目？赵岐之遇孙嵩，张俭之逢李笃，非亲非旧，情同骨肉，坚守大义，甘婴重戮。噫，可不忍欤！（《劝忍百箴》）

译文

古代有侠义之心的人，纵然是死亡也从来不躲开，不害怕。栾布不顾杀头的危险而一人去祭祀彭越的人头；郭亮也敢冒朝廷之大不韪而请求为李固收尸，他们都是义士啊。东汉的王修葬袁谭的尸体，曹操欣赏他的义气，同意了他的请求。徐晦仗义送别有罪而被贬的杨凭，皇帝也提升他为监察御史。这些人的用心都非常合乎天理。随着世风的恶化，人们都是为了私利和欲望而奔忙，出卖朋友能得到利益就出卖朋友，出卖国家能获得私利就出卖国家。回头看一下古代那些大公无私的人，这些只为谋取私利的人有什么脸面见天下的人呢？孙嵩对赵岐的收留，李笃冒着生命危险相救张俭，这些人非亲非故，可是对待遭难之人却情同手足，坚守道义，而不惜冒生命危险。唉，人怎能背弃道义而不忍耐呢！

解读

人在世上生活要讲求道义，不能为了私利就出卖心中的操守。坚持道义的多了，自然就有了更多的正义之事。

案例

卖国汉奸汪精卫

随着时代的发展，好像越来越多的人不再看重道义了，人们往往为了个人私利四处奔命，有时候还出卖朋友。有些人说“人为财死，鸟为食亡”，居然认为出卖朋友并无大碍，但是我们将这种出卖道义的事情扩大来看，若为了个人私利出卖国家利益的话，那岂不成了遗臭万年的汉奸吗？汪精卫的人生正是给了我们这样的启示。

汪精卫是抗日战争时期的大汉奸，可是我们要知道他最初也是一名有志青年。1905 年，汪精卫就参加了刚刚成立没有多久的同盟会，他还和其他革命者暗中策划刺杀摄政王载沣的革命行动，被捕以后豪情万丈地写下了“引刀成一快，不负少年头”的诗句，成为一时英雄人物。

但是随着时间的发展，国内斗争形势的改变，加上各地方势力的兴起，汪精卫的政治思想开始潜移默化地发生了改变。

抗日战争爆发以后，日本想方设法地争取在华势力，比方说他们成功地争取到了满清的遗老们，在东北三省建立了伪满政权，而国内大多数的势力都开展了积极的抗日运动。当时北洋政府的老将吴佩孚因为拒绝与日本人合作壮烈牺牲，地方军阀像阎锡山、张作霖等也都为抗日战争做出了巨大贡献。与此同时，汪精卫放弃了自己早期的政治立场，为了争权夺势，和蒋介石争夺国民党内部的领导权，最终受到日本人的诱惑，投入了日本人的怀抱，成为了人所不齿的大汉奸。

为了配合日本人的在华政策，汪精卫为首的汪伪政府居然恬不知耻地组织了沦陷区的青少年学习“东亚共盟”的亲日卖国思想，他们出台了很多卖国政策，甚至帮助日本人维护所谓的后方安全。汪精卫政府组织伪军，还不断地镇压爱国人士，破坏地下抗日武装的力量，可谓是坏事做尽。汪精卫的妻子陈璧君为了迎合日本人，还全力支持伪满政府，主动放弃东北三省，这实在是令人作呕的奴才嘴脸。

历史总是在时间的长河中带给我们思索，汪精卫从一个革命志士逐渐成为一名卖国汉奸的原因之一，不正是他为了心中的私利出卖了民族大义吗？他的“领袖梦”使得他自己走上了不归路，成为人人得而诛之的“乱臣贼子”。

原文

张全翁言，潞州有一农夫，五世同居。太宗讨并州，过其舍，召其长，讯之曰:“若何道而至此？”对曰:“臣无他，唯能忍尔。”太宗以为然。张公艺九世同居，唐高宗临幸其家。问本末，书“忍“字以对。天子流涕，遂赐缣帛。(《忍经》)

译文

张全翁说，潞州有一个农民，他家中五世同堂。宋太宗讨伐并州时，路过这家，召见他家长辈，问道:“你有什么办法让五代人和睦地住在一起呢？”老人家回答说:“我没有其他办法，只是能互相忍让。”宋太宗认为他说得很有道理。张公艺一家九世同堂，唐高宗亲自光临他家。问他何以能九世同堂，张公艺在纸上写一个大大的“忍”字回答唐高宗。唐高宗感动得流下眼泪，于是赏给了他家很多绸缎。

解读

一个大家族同祖同姓也还需要相互忍让才能共处一堂，何况是非亲之人，所以忍让就会出现和睦，和睦就会兴旺，这是中国人自古的道理，永不变质。

案例

白起之死

俗话说“家和万事兴”，家庭成员之间需要相互忍让，才能使得家庭兴旺，国家也是这样，只有一朝之臣相互忍让，互敬互爱才能保证国家的安定，历史上有名的故事“将相和”就表达的这个道理。反之，若一朝之臣之见尔虞我诈，相互猜忌，那么栋梁之才有可能命丧黄泉，国家兴旺之势也可能不及以前，战国时期秦国大将白起就死于朝廷内部的争权夺势。

秦昭襄王是一位非常有作为的国君，刚刚即位的时候，宣太后专权，外戚干政，他听从了范雎攘外必先安内的政策，从母亲手中夺得实权，任命白起为大将，开始了其大有作为的一生。

白起善于用兵，被称为战神，他攻城掠地，攻打韩魏两国的时候，杀敌二十多万人，后来率兵攻楚，直下郢都。长平之战中，赵国中了秦国的反间计，白起大败赵军，传说中他坑了四十万赵军。

此时赵国面临灭顶之灾，于是就和韩国商议找了当时一个很有名的说客苏代拿着重金到秦国贿赂了相国范雎。苏代利用范雎不甘居于白起之下的心理，对其说白起在秦居功至伟，以后论功行赏必定在范雎之上。范雎听后觉得白起撼动了自己在秦昭襄王心中的地位，所以以秦兵久战劳顿需要整修的名义上书秦王，希望能答应韩国、赵国割地求和的要求。从此以后秦国将相失和。

后来，秦昭襄王和白起之间也出现了嫌隙。长平之战过后，虽然秦王将白起调回了秦，但是依然想进攻邯郸，但是按照当时的军事情况和诸侯国之间的关系，白起认为不可发兵攻赵，否则秦军必败。但是，秦王不听反而派了其他人出战，果然如白起所说遭到了失败。此时，昭襄王再命白起率兵出战，范雎也多次请求白起，但是白起看到当时秦军难以获胜，同时因旧疾未愈也难以出战。直到邯郸陆续传来秦军战败的消息，秦王暴怒要求白起即刻动身不得逗留，白起带病上路。但是还没有到达前线，范雎就与秦王商议，认为白起不肯出战可能有了二心，所以赐死了尚在路上的白起。

其实，如果将相没有失和，长平之战后白起一举攻下邯郸也未可知。然而，历史既成事实，将相之间失和，君臣之间有了嫌隙就很难保证国家的和谐兴盛了。

原文

温公曰："国家公卿能导先法久而不衰者，唯故相李昉家。子孙数世至二百余口，犹同居共爨。田园邸舍收及有官者俸禄，皆聚之一库，计口日给饷。婚姻丧葬，所费皆有常数，分命子弟掌其事。"（《忍经》）

译文

司马光说："国家的公卿官吏中，能够继承前辈的礼法而长久昌盛不衰的，只有已故的丞相李昉家。李昉一家子孙几代，共二百余人，至今仍住在一起，共同生活。田地、菜园中所收成的东西以及为官之人的俸禄，都集中放在一座仓库里，按人口计划开支每日的生活费用。婚丧嫁娶的开支都有规定的数额，由儿孙们分别掌管。

解读

大家庭是古人生活的常态，生活在其中的人们，在享受家庭巨大资源的同时，也在忍受家庭带来的限制。李昉家的特别之处或许在于，家庭成员的自由和限制比较均衡，好比带着镣铐跳舞，李家是跳得最好的那个，于是就成了那个时代的典范。当然现在这种情境已很难呈现了，但家国同构，可为国家管理提供借鉴。

案例

不知节制陈后主

李昉家之所以能够和睦相处，主要是找到了自由和约束之间的平衡点。自由从来都不是没有约束的，若脱离了约束，自由就无从谈起，若讲究绝对的自由，就有可能带来真正的灾难。南朝陈的最后一个皇帝陈叔宝就是由着自己的性子，奢靡之极，荒废了朝政，败掉了家国。

陈叔宝即位的时候，其弟弟陈叔陵发动政变，拿着刀砍向陈叔宝的脖子，陈叔宝幸好没有性命之忧，陈叔陵反被朝中大臣所杀。陈叔宝本身就喜爱饮酒，爱好美色，养病期间只留最美丽的张贵妃张丽华在宫中照顾，所以痊愈后更加宠爱张丽华了。张丽华不但长得漂亮，人也聪慧至极，她的头发有七尺多长，又黑又亮，又能言善辩，有很多朝中之事比皇上记得还清晰。有鉴于此，陈叔宝就更加离不开张丽华了。只要是张丽华要的，没有陈叔宝不给的，就是谁犯了罪，只要张丽华请求，皇上就能饶恕其罪。

陈叔宝以九五至尊，不但沉溺女色，不体恤民情，还极尽奢侈，他一改前朝简朴的摆设，在临光殿前修建了三座参天高楼，分别叫作临春、结绮和望仙，其中住着七名美若天仙的妃子。当时为了建造此三楼阁，陈叔宝动用了全国的檀木，檀木香气四溢，十几里以外的人都能闻见。陈叔宝只顾自己花天酒地，自己想到什么就是什么，丝毫不管民间疾苦，他曾下令建造大皇寺，要在寺里建造七级浮屠。这些个人意愿凌驾于国家福祉之上的行为终于引来了灭国之灾。

当时隋文帝正有一统天下之心，他派兵攻陈，这个消息飞报到陈后主耳中，但是以皇上为首的朝廷上下居然都不以为意，陈叔宝还继续饮酒作乐，写诗作赋，甚至以为有长江天险，隋军不可能飞至国都。直到隋朝大军攻入了皇宫，陈叔宝才发现自己要亡国了。此时的他与张妃、孔妃躲到了井里，最终成为了隋文帝的阶下囚。即使成了阶下囚，陈叔宝依然沉迷饮酒，不问世事。得此国君，想不亡国也难。

由此观之，在享受资源的同时必须知道自己应当遵守的约束，身为一国之君应当为国为民，只有这样国家才能强盛。我们于今为人处世更当如此，在社会中想要有一定的自由，前提必须是恪守制度带给我们的制约。

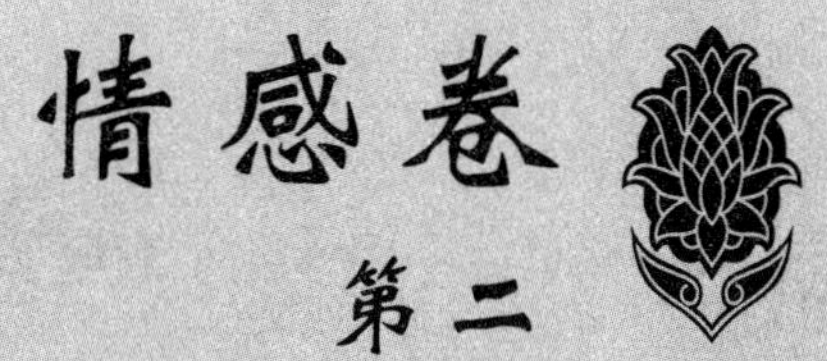

情感卷

第二

原文

燥万物者，莫熯乎火；挠万物者，莫疾乎风。风与火值，扇炎起凶。气动其心，亦蹶亦趋，为风为大，如鞴鼓炉。养之则为君子，暴之则为匹夫。一朝之忿，忘其身以及其亲，非惑欤？噫，可不忍欤！（《劝忍百箴》）

译文

在能使万物干燥的东西中，没有比火烤更厉害的了；在能使万物动摇不定的东西中，没有比风更快的了。有风有火，风助火势，就可能引起凶险之灾。气可以扰乱人的心，能使人跌倒，也能使人奔走；人如果不修身养性反而去损害它，对自身的危害更大，这就像用皮囊向火炉鼓风一样，越鼓火势越旺。所以修身养性的人就是君子，脾气暴躁的人就是匹夫。因一时的愤怒，就忘记了自己和自己的亲属，这不是很糊涂吗？唉，为人做事怎能不学会忍耐呢！

解读

容易生气的人首先伤害的是自己，其次就是自己身边的人。如果心中总是怀着一股气，不是怨气就是怒气，那生活还怎么过下去呢？

案例

生气的河豚

宋朝时期，苏东坡写过一篇《河豚鱼说》，说的是有一天，南方河里的一条豚鱼，游到一座桥下时撞到了桥柱上。它不怪自己不小心，反而生起气来。它认为是桥柱撞了自己，气得张开嘴，竖起颌旁的鳍，胀起肚子漂在水面上，很长时间一动也不动。一只老鹰飞过看见它，一把抓起来，把它的肚子撕裂，这条豚鱼就这样成了老鹰的食物。苏东坡就此发议论说，“尝道世人有妄怒以招祸”者，在不应该发怒的时候发怒，结果遭到了不幸，就像这条河豚鱼，“因游而触物，不知罪己，去妄肆其忿，至于磔腹而死，可悲也夫！”苏东坡写的这个寓言告诉我们，在碰到使人气愤的事时，不要像那条“妄肆其忿”的河豚鱼，只向别人发火，而应首先反省自己。

发怒、生气是匹夫之勇，只会坏事。君子应加强德性修养，遇事做到能忍、善忍，以忍制怒。林则徐深知发怒的危害，盛怒之下更有可能把事情办糟。因此，他为了抑制自己容易激动发怒的脾气，亲手书写了“制怒”二字，悬挂于中堂以警示自己，日日自省。

《说岳全传》中讲了这样一个故事，说岳飞的好友牛皋在一次大战之中活捉了敌方大将金兀术，然后就骑在金兀术的脖子上让他不能动弹，金兀术怒气攻心一下就气绝身亡了。我们姑且不去追究文学作品中的真实性，但是还是可以看到暴怒对自身的伤害的。

20世纪香港乐坛中有谭咏麟、张国荣两大巨星，双方是很好的朋友，但是其各自的歌迷为了维护自己的偶像大打出手，一次，张国荣在领奖的舞台上还受到了台下谭咏麟歌迷的嘘声和嘲弄。一般人在这样的情况下都已经不能控制心中的怒火现场发飙了，但是张国荣没有，他压下了心中的怒火，后来推出的金曲《沉默是金》不但表白了自己内心的想法，更是又一次获得了华语乐坛大奖。

碰到了不开心的事情，碰到了让自己生气的事情，一味发泄愤怒不但于事无补，反而还会引起不必要的争端，害人害己。如果平心静气，在类似情况下平息怒气，一定能够有意想不到的良好结局。

原文

音聋色盲，驰骋发狂，老氏预防。朝歌夜弦，三十六年，嬴氏无传。金谷欢娱，宠专绿珠，石崇被诛。人生几何，年不满百；天地逆旅，光阴过客；若不自觉，恣情取乐；乐极悲来，秋风木落。噫，可不忍欤！（《劝忍百箴》）

译文

五音能使人耳聋，五色能使人眼瞎，纵横驰骋田野，会使人发狂，因此老子要人们戒备因过度而引起的损害。秦始皇执政时期，曾使宫人们为他日夜歌舞管弦，宫中有些人三十六年竟没有见过他。秦始皇的子孙们也一样，最后被汉王刘邦消灭。秦朝从此灭亡，嬴姓也绝后了。晋代的石崇因宠爱绿珠而设置了一个叫金谷园的住处，整日和绿珠吃喝玩乐，歌舞赏乐，最后被人告发说他要谋反而被诛三族。人一生能活多久，最多不过百岁；天和地是万物的旅居之地，时代是延续各代的看客；人活在世上如果自己不醒悟，去干纵情玩乐的事；到后来也不过是由欢乐而生出悲哀来，就好像秋风来了，草木都会枯黄而凋落。唉，人对玩乐的诱惑怎能不忍耐呢？

解读

人不能因为只想着快乐，就没有节制，这样的结果就是乐极生悲，秦始皇和石崇就是最好的例证。所以要及早觉悟，节制无限膨胀的欲望。

案例

李元吉失守太原

我们固然追求快乐的人生，但是没有节制就会乐极生悲。

李渊初建唐朝，周围有着很多的强大势力，因为他是从太原起家的，而且太原是当时唐军的供给基地，所以他非常重视太原的整体守备，于是派了自己的亲生儿子李元吉驻守太原，没想到自己儿子的无节制使得太原失守，要不是李世民及时赶回，想来中国的历史又要重新书写了。

李元吉被派去驻守太原的时候才 14 岁，而且性情暴躁，骄淫奢侈，他在太原的时候让府里的女子都穿上战袍，拿着真刀真枪，相互之间进行游戏，女孩子为了保命都拿着刀剑挥砍，每当这个游戏开始的时候，满眼看到的都是血肉横飞的场景，满耳听到的都是惨叫迭起的声音，当真是暴虐之极。李元吉的乳母陈善意实在看不下去了，就劝他不要再进行这样的游戏，他不但不听反而命几个壮汉将自己的乳母活活地殴打致死了。

李元吉非常喜欢打猎，但是和古代王公贵族们打猎的性质不一样，他去打猎的时候总会破坏老百姓的庄稼，老百姓们敢怒不敢言。同时，他还要打活靶子，就是走在街上看到谁不顺眼或者看到谁顺眼他就直接拿箭射对方，有很多百姓因此丧命。

最可恨的是，李元吉到了晚上带着一群士兵肆意地闯进民宅之中，只要他看中了哪家的女子，就会对其实行奸淫，这桩桩恶事全都体现出其禽兽不如。后来跟他来到太原辅佐他的大臣宇文歆看不下去，将其恶行携呈奏折上报到了李渊之处。

李渊开始罢了李元吉的官，但是没过多久又重新让李元吉驻守太原去了。李元吉官复原位一周之后，刘武周就率领大军直奔太原而来。面临着大军压境的局面，李元吉立刻失了魂丢了胆，他居然派手下张达率领一百多人出战迎击对方的“百万大军”，使得张达无奈降敌。而在战事吃紧的严峻情形下，李元吉一拍屁股溜回了李渊的身边。

太原的战事越来越紧张，唐军节节败退，李渊甚至起了放弃太原的念头。幸好秦王李世民在西部战场上大获全胜回到了长安，在李世民的极力斡旋下，李渊命李世民率兵前去与刘武周大战。

李元吉作为太原城的驻守官，放纵自己享乐人生，害了城内百姓不说，还差点给刚刚建立的唐朝带来灭顶之灾，可见放纵自己是很容易招致灾难的。

原文

喜于问一得之，子禽见录于鲁论；喜于乘桴浮海，见诮于孔门。三仕无喜，长者子文；沾沾自喜，为窦王孙。捷至而喜窥安石，公辅之器；捧檄而喜知毛义，养亲之志。故量有浅深，气有盈缩；易浅易盈，小人之腹。噫，可不忍欤！（《劝忍百箴》）

译文

因为问一个问题而得到了多个答案就非常高兴，子禽的这个举动被记录在《论语》中；因听说可以与孔子乘坐木筏浮海远航而得意扬扬，子路的言行却被孔门弟子讥笑。楚国的子文三次当了令尹这个官，都没有喜悦的神色；但西汉时的窦婴被封为魏其侯，就沾沾自喜。捷报传来了而不马上喜形于色，待客人走后才感到高兴，晋朝谢安有宰相的器量；捧着官府的任职文书喜不自胜，毛义这是因为能更好地奉养母亲而感到高兴。所以人的器量有浅有深，人的志气有大有小；志向狭小则容易满足，这是小人的气量。唉，喜悦的心情容易理解，但怎能没有忍耐之心呢！

解读

喜事当然要高兴，但切不可得意而忘了形。所以对于喜来说也要有所节制，要不然就会出现喜极而“泣”的情况。

案例

李自成乐极生悲

上边我们说到《说岳全传》中牛皋气死了金兀术，其实这个故事还不算完，因为金兀术死后，牛皋因为过于开心哈哈大笑而亡。我们说，人生在世，应当愉悦快乐，但是切不能得意忘形，否则就会“乐极生悲”了。

明朝末年，李自成号称闯王率军攻进北京，崇祯皇帝很有“尊严”地上吊自杀，李自成建立了大顺政权，可谓风光一时。可是让我们看看这个风光的起义军领袖进京之后都做了什么吧！

李自成进宫以后，才在国库中发现黄金不足20万两，白银仅有十三万两，非常失望，于是就下令让明朝剩在京城的官员献礼，大太监曹化淳一下就献出了五万两白银，李自成及其手下如法炮制，若奉献了银子便罢，否则就将其斩首示众。经过这样的威逼，李自成短短几天就得到了银子七千万两。整个起义军将士沉浸在胜利的喜悦中，他们在北京城内奸杀掳掠，无所不作，闯王的军队再也不是之前那支仁义之师了，后来牛金星又诬告了李岩，李自成斩杀了身边这个最好的谋士。

李自成自己连同手下都腐败至极，还严刑拷打前明剩下的朝廷命官，这其中还包括吴三桂的父亲。有好事者总说吴三桂因为陈圆圆的原因，怒发冲冠为红颜，才与清兵达成了共识，而历史的真相告诉我们，他也难忍李自成军队在城里的暴虐，救父心切也是他引清兵入关的一个催化剂吧！当清军攻进来的时候，刘宗敏等大将只顾得自己享乐，李自成下诏书让他们带兵打仗，均遭到了拒绝，无奈之下，李自成“御驾亲征”，兵败于吴三桂和多尔衮的联军。后来李自成一路西逃，到了西安。

李自成从一个下岗的驿卒成长为起义军首领，又从一个入主中宫的大顺皇帝成为了战败之将，最后不知魂归何方[1]，这样的变化让人觉得世事无常。若说李自成的成功是因为其个人的努力，那么其失败有一定的原因可以归结为得意忘形了。在当今的社会中，我们应当引以为戒，做到荣辱不惊。

[1] 关于李自成的死，历史上有不同的说法。

原文

怒为东方之情而行阴贼之气，裂人心之大和，激事物之乖异，若火焰之不扑，期燎原之可畏。大则为兵为刑，小则以斗以争。太宗不能忍于蕴古、祖尚之戮，高祖乃能忍于假王之请、桀纣之称。吕氏几不忍于嫚书之骂，调樊哙十万之横行。故上怒而残下，下怒而犯上。怒于国则干戈日侵，怒于家则长幼道丧。所以圣人有忿思难之诫，靖节有徒自伤之劝。惟逆来而顺受，满天下而无怨。噫，可不忍欤！（《劝忍百箴》）

译文

怒被阴阳家称为“东方之情”，气极了就做盗窃阴险一类的事，这样做的结果会损坏人内心的和气，激发事物朝不正常的方向发展，这就好像熊熊大火如果不去扑灭，就会具有燃烧整个草原的可怕之势一样。大怒会引起兵伐和刑罚，小怒会引起争斗。唐太宗没有耐心辨别张蕴古的是非，也不能容忍卢祖尚对君命的推辞，因此杀害他们，以致后悔。汉高祖刘邦能够忍让韩信的请求，又自比桀纣一样的暴君而宣扬萧何的贤能。吕后由于不能忍受匈奴单于冒顿的羞辱，而差点调动樊哙率领十万精兵同匈奴交战。所以，上面的人发怒就会残虐下面的人，下面的人逞强发怒，一定会冒犯上面的人。对于国家来说，一旦发怒，就会发生战争，在家庭中，父子、兄弟、夫妻等发怒，就会使人失去人伦之道。所以孔子有教导人们在发怒时应考虑后果的劝诫，陶潜也有要人们不可以让怒气白白给自己带来伤悲的规劝。人如果能够逆来顺受，一言一行都很周到，整个天下也就没有怨恨了。唉，人怎能不制怒呢！

解读

怒是使人做错事的主要根源之一，不但伤人，更会伤己。怒会让事情朝着非正常轨道行进，有时会像大火一样无法扑灭，要想避免这种“火灾”，就要学会制怒。

案例

刘文静之死

在唐朝建立的过程中，刘文静可以说是立下了汗马功劳，无论其智谋策略还是胆识能力，在唐朝初年都是屈指可数的，但是他却在唐初，在全国几个势力相互斗争形势尚不明朗的时候招来了杀身之祸，究其原因我们可以总结为：都是生气惹的祸。

当年李渊密谋太原起兵的时候，最早只有李渊、李世民、刘文静和裴寂参与其中，其中裴寂是李渊的副手，曾经把自己掌握的财源供给李渊造反之用，而整个策划、导演和演出基本上都是刘文静一手炮制的。但是，李渊当上皇上以后，对裴寂显然要比对刘文静好得多，这就惹得刘文静有所不满，史书记载他每次见了裴寂都是斜着眼睛看对方。但是，这并不能为自己招来杀身之祸，真正的导火索在下面这件事。

刘文静当时有好几个小妾，但是他对待各个小妾的态度也不同，其中有一个因为不被刘文静喜爱而总也得不到宠爱，这个小妾就极其生气，想要报复一下刘文静，让自己的丈夫知道自己也不是好惹的。有一天，刘文静和弟弟刘文起在家里喝酒，一边喝一边说，想到裴寂和自己同朝为官，自己的功劳、才略都远高于对方，只是职位没有对方高就很生气，居然拔出刀来砍了自己家屋子的柱子。本来砍自己家房子不会妨碍到别人什么事，可是他边砍边气愤地喊道：“我迟早有一天得杀了裴寂这小子，取了他的项上人头。”

偏偏过了没有多久，刘文静怀疑家中有不干净的事物，就找来巫师类的人“清扫”，上边提到的那个失宠小妾就将这两件事情联系到一起添油加醋地通过自己娘家人报告给了皇上，说刘文静做法事诅咒皇上，密谋造反。皇上听到这个消息就派了手下得力干将对刘文静进行审问，若此时刘文静能心平气和地解释清楚，态度良好地认罪估计也不会有性命之忧，可是他偏偏在审问中又气不打一处来，在对裴寂的问题上又老生常谈，越说越来气，最后居然发起了皇上的牢骚。

这样一来，整个故事就成了：刘文静很生气于是家中大骂，失宠小妾很生气于是诬陷告密，而现在是皇上很生气，那后果就很严重了，刘文静这个开国功臣被斩首了。

不同人物生气都会有严重的后果，所以一旦自己动怒了，你一定要再忍一忍，要再想一想，切莫一时怒气冲昏头脑，做出遗憾终身的事情来！

原文

内省不疚，何忧何惧？见理既明，委心变故。中水舟运，不谄河伯。霹雳破柱，读书自若。何潜心于《太玄》，乃惊遽而投阁。故当死生患难之际，见平生之所学。噫，可不忍欤！（《劝忍百箴》）

译文

自己反省内心深处，如果不感到惭愧和内疚，那还有什么觉得可怕和值得忧愁呢？只要明了事物发展的本质道理，那么对于任何意外的变故都会应付自如，泰然处之了。韩褐子过黄河时，船夫祭祀河伯："过黄河的人，都希望快点到达彼岸，你不希望吗？"韩褐子说："像我，不用祭祀河伯。"晋代夏侯玄靠着柱子读书，突然雷电击断了他所靠的柱子，并烧坏了他的衣服，但他神色不变，依然认真读书。像扬雄这样潜心研究《太玄》多年的人，应该洞晓过去将来之事啊，为什么遇到变故就急急忙忙去跳楼，差点儿断了锦绣前程。看来在生死关头才能显出一个人的所学、性情和雅量呀。唉，人怎能不学会忍耐呀！

解读

俗话说，人正不怕影子歪，心里没有做亏心事，有什么可怕的呢？在面对生死关头时，不要胆小怕事，要显得从容自得才是君子气度呀。

案例

郭子仪单骑退兵

人在生死面前往往才能体现出自己的气度，有些人平日里看似镇定，可是到了危险时刻却吓得浑身打战，若人人都有郭子仪单骑退兵的胆量，那么才是真正的“任风雨来袭，我自岿然不动”呢！

郭子仪是唐朝时期的著名大将，尤其是安史之乱爆发以后，他收复都城长安，东都洛阳，为大唐立下了汗马功劳。后来回纥人勾结了吐蕃入侵大唐，都城长安又一次沦陷，这时又是郭子仪任副元帅收复了长安，两年后他单骑退回纥，大败吐蕃，可谓是唐朝的定海神针。

当年，唐朝的铁勒族将军仆固怀恩跟随郭子仪大战安史乱军，自己家族为国战死者六十多人，还有三个女儿为了国家和亲到了回纥，可谓是一门忠烈。可是，唐朝后期的皇上大多宠信太监，仆固怀恩得罪了太监被皇上猜疑，最后被逼反叛。当时郭子仪的军队驻扎在泾阳，正是这位唐朝昔日大将把回纥、吐蕃的军队引入了大唐的土地上并且围困了郭子仪军队的驻城。形势危急，郭子仪亲自上阵打仗。

回纥兵听闻唐军大将是郭子仪不由大吃一惊，他们说道：“难道郭令公还健在吗？那么大唐天子还在吗？”原来他们听了仆固怀恩的话，以为皇上驾崩，郭子仪病逝，这才敢联合吐蕃前来攻唐。但是也有一些人不相信郭子仪还在带兵打仗，就想见郭令公一面。

郭子仪不顾左右的阻拦，带了十来个人就去见回纥兵的首领了。他对回纥人说：“安史之乱的时候，你们都不愿万里，来到中原地区帮助我们打退乱臣贼子，我们是共患难的朋友，而今你们怎么反而帮助那些叛贼呢？”对方回答：“我们都以为郭令公不在世了，所以才敢进入到大唐的领域，现在既然您老人家还在世，我们立刻退兵。”回纥人面对郭子仪都放下兵器，还下马跪拜，很快就撤兵而去。

对方的大军兵临城下，郭子仪不但不害怕，还一个人前去敌营动之以情、晓之以理，三言两语依靠个人声望化干戈为玉帛，试想郭令公若没有从容不迫的气度怎么会在生死关头单骑而出，一人退敌呢？

原文

事急之弦，制之于权。伤胸扪足，盗印追贼。诳梅止渴，扶背误敌。判生死于呼吸，争胜负于顷刻。蝮蛇螫手，断腕宜疾。冠而救火，揖而拯溺，不知权变，可为太息。噫，可不忍欤！（《劝忍百箴》）

译文

事情有时发生得非常突然，犹如弓弦一样迅急，这时必须用权变的计谋来处理。被箭射伤胸部，却摸着脚，司农段秀实也采取假冒兵印权变的策略，应付事情的急变。用欺骗说前面有梅林而止住士兵的口渴；李穆鞭打宇文泰的背部才骗过追兵，使宇文泰化险为夷。判断人的生死在于呼吸之间，争夺胜负在于片刻之际。毒蛇咬了手，应迅速砍断手腕。整理好衣冠之后才去救火，是无法扑灭大火的；打躬作揖之后再去救人，是无法拯救落水之人的；不懂得应变之道的人，实在令人叹息。唉，人怎能不学会忍耐呢！

解读

有些事是特别着急的，那就拖不得，一拖时机就错过了，什么事也就办不成了。所以在面对着急之事时，要想一切办法，克服一切困难，以解燃眉之急。

案例

错失良机的宋襄公

成功总是属于有准备的人的，有些时候我们面前明明有大好时机，但是我们不懂得把握，就造成了终身遗憾。要知道时机稍纵即逝，一旦失去良机我们就会从成功走向失败。

宋襄公是春秋时期有名的“仁义”之君，他的父亲宋桓公病重之时要传位给身为嫡长子的他，他认为庶出的兄长目夷比自己有才华，宁可让位给目夷，目夷跑出宋国，宋襄公无人可让才继承了君位，并任命了目夷为相。当时，齐桓公逝世以后齐国境内大乱，宋襄公因为之前受到过齐桓公的嘱托照顾公子昭，所以虽然自己不甚强大依然护送公子昭回到齐国，是为齐孝公。这之后，宋襄公意欲同齐桓公一样称霸中原，并且开始了和楚国的争霸之战。

公元前638年，宋襄公率兵进攻郑国[1]，郑国向楚国求救，楚成王派了大将成得臣进攻宋国，已达到帮助郑国的目的，这次战争就是春秋历史上著名的战役之一——泓之战。楚军要想和宋军大战必须渡过泓水，此时宋国的大将子鱼说:“我们和楚军的势力悬殊，不如趁楚军渡河的时候就进攻他们。”宋襄公自称仁义之师，不愿意在对方过河的时候攻打对方，于是就等楚军过河。

古代打仗和现在不一样，军队必须摆好阵形才能投入战争，所以楚人过河后尚未布好阵形的时候，子鱼又要宋襄公下令进攻楚军，宋襄公居然以“仁义”之名等待楚军布阵。楚军排好军阵以后势如破竹，大败宋军，就连宋襄公本人也被敌军的箭射伤了。

宋军失败以后，君臣都怪宋襄公坐失良机，可是宋襄公反而教训自己的属下说，所谓的仁义之师就应当像真正的君子那样，已经受伤的敌人、头发斑白的老者都不是我们进攻的对象，即使是自己的国家灭亡了，也不忍心去伤害那样的敌人。

宋襄公迂腐之极，他顽固地恪守着“仁义”的教条，殊不知战机稍纵即逝，军情瞬息万变，他不知变通，只是死背了上古流传下来的“仁义之师”

---

[1] 因郑国一开始支持宋襄公，后又投靠了楚成王。

的内容，不但使战争失败，自己还受了重伤，同时还在中国的历史上留下了“迂腐”的笑谈。我们在现实生活中，遇事应当灵活对待，遇到机会应当牢牢把握，莫让宋襄公的历史重演。

原文

养气之学，戒乎躁急。刺卵掷地，逐蝇弃笔。录诗误字，啮臂流血。觇其平生，岂能容物。西门佩韦，唯以自戒。彼美刘宽，翻羹不怪。震为决躁，巽为躁卦。火盛东南，其性不耐。雷动风挠，如鼓炉鞴。大盛则衰，不耐则败。一时之躁，噬脐之悔。噫，不可忍欤！（《劝忍百箴》）

译文

培养浩然正气的学问，在于戒掉急躁的性格。用筷子夹不着鸡蛋，就发怒将鸡蛋扔在地上；写字时因驱赶不走停在笔头上的苍蝇，而掷笔于地。儿子抄诗错了一个字，就将自己的手臂咬出血来。唉，这些人平时如此性急，以后又怎么能宽柔容众呢。战国时魏人西门豹常常在身上佩带一根破带，以此来提醒自己改掉急躁的毛病。东汉时的刘宽，性情温和宽缓，丫鬟不小心将肉汤洒到他的衣服上，他没有责怪她。震，指东方，为雷，是决躁；巽，指东南，属木是风，也为躁卦。木能生火，位置在东南方，它的性子叫不耐。雷动而风鼓，好比是通过风箱给炉里扇风，越烧越旺。而事物往往达到最盛时期则会衰落，不合常理也必会凋残。人如果一时不能忍住急躁，就会招来后患而悔恨。唉，人怎能不忍呢！

解读

有些事是急不得的，这就要戒掉急躁的毛病。性急之人不能容众，这样就不会有朋友，做事当然不会成功。

案例

忍而后动的郑庄公

中国有句俗话叫“心急吃不了热豆腐”，这就告诉我们有的时候不能着急做事，应当等到万事俱备之时，一旦东风来到，大事必成。春秋时期的郑庄公就是这样一位不着不急、运筹帷幄的人。

郑庄公的父亲郑武公从申国娶了一个老婆叫作武姜，她生了郑庄公和共叔段两个儿子。武姜生庄公的时候因为难产所以很讨厌这个儿子，甚至给庄公起个名字就叫“寤生”，用现在话来说，庄公的名字就叫作难产。武姜非常喜欢她的小儿子共叔段，在郑武公活着的时候还多次请求废掉“寤生”立共叔段为储君，但是都被郑武公拒绝了。武公死后，郑庄公即位，武姜就去请求庄公让共叔段掌管制这个地方，郑庄公以当年虢国国君死在那个地方为借口回绝了。武姜又请求庄公让共叔段掌管京这个地方，郑庄公同意了。

共叔段到了京以后就开始密谋造反，他将京这个地方的城墙建得非常高，已经超过了郑国的礼制，郑国的大臣祭仲向庄公上书，庄公说自己的娘亲向着弟弟，他也没有什么办法。祭仲就劝庄公说：“野草蔓延了都不好除，若您受宠爱的弟弟有谋反之心就更不好除掉他了。”庄公不为所动。后来共叔段又将不属于自己管辖区的城镇划归到自己的范围内，公子吕上书庄公：“国家不能承受两个君王的局面，您要是想把国家送给共叔段，我就直接去那边了，要是不想给他，暗中除掉他吧！”庄公回答了一句“不用管他”就没了下文。共叔段经准备好了一切，还联合了母亲帮助他开启郑国的城门，郑庄公才派了公子吕率兵出击，郑军大获全胜，共叔段逃跑了。

在这个故事里，我们可以看到郑庄公最大的优点在于能够忍耐，这是我们要学习的。他忍得共叔段的叛乱之心，等候一个最佳时机将其一网打尽，实在是令人佩服。

当然，在忍而后动之后，庄公还是做好了后续的工作，比方说想方设法沟通了自己和母亲之间的关系。总的来说郑庄公在位的时候，依靠其文治武功使得郑国一个小国在春秋初年初具霸主之姿，也难怪毛主席赞扬郑庄公是一个“很厉害”的人物呢！

原文

金玉满堂，莫之能守。富贵而骄，自遗其咎。诸侯骄人则失其国，大夫骄人则失其家。魏侯受田子方之教，不敢以富贵而自多。盖恶终之衅，兆于骄夸；死亡之期，定于骄奢。先哲之言，如不听何！昔贾思伯倾身礼士，客怪其谦。答以四字，衰至便骄。斯言有味。噫，可不忍欤！（《劝忍百箴》）

译文

满屋的金银玉器等贵重的东西，没有谁能够守得住。富贵了而变得骄奢，就是自己给自己种下祸根。诸侯如果对人骄傲，则会失掉他的政权；大夫对人骄傲，则会失去他的领地。魏文侯接受了师傅田子方对他的规劝和教导，不敢因为富贵而狂妄自大。恶果的征兆，源于骄傲和夸耀；死亡期限的来临，也正是因骄傲奢侈。先哲们说的话，人如果不听，真不知将来会怎样。从前北魏有一人叫贾思伯，给肃宗和明宗当过老师，但贾思伯仍然能够低身敬贤，别人都认为他过于谦虚。贾思伯却对别人说："衰弱了便会骄傲。"这句话真正是耐人寻味的格言呀。唉，人怎能不忍耐自己的骄傲啊！

解读

富贵之人往往有骄傲之态，以为有钱能做任何事，岂知，正因其这种财大气粗的骄奢之气，往往会给他带来祸患。真正聪明之人多是谦虚谨慎行事，这样才不会招人怨恨，永保平安。

案例

为将的楷模卫青

聪明的人都深知谦虚谨慎的重要性，所以他们即使位极人臣也会小心翼翼，只有这样才能够全身而退，保护自己的平安。我国历史上有很多地位很高又能一生严于律己的人，其中西汉大将军卫青正是个中楷模。

熟知汉朝历史的人都知道，卫青的姐姐是卫子夫，乃汉武帝的皇后，卫青的夫人是汉武帝的姐姐长平公主，可以说地位极高。同时，卫青第一次出征就在龙城大败匈奴，打破了当时匈奴不败的神话，难怪唐代著名边塞诗人王昌龄作诗曰："但使龙城飞将在，不教胡马度阴山。"[1]可以说，卫青从来没有依靠自己姐姐的力量在朝中作威作福，即使后来卫子夫失宠，卫青的地位依然没有得到改变。所以，卫青被汉武帝封为大将军、大司马，后又被封为长平侯，这所有的荣誉都来自于自己的赫赫战功。

卫青不但善于用兵，成就了漠南没有匈奴的伟大战绩，在处理与将士、同僚的关系上也很谦虚谨慎，他从来不以自己的地位和权势去欺压别人。当时汉武帝曾经让文武百官见了大将军行跪拜之礼，但是有个叫作汲黯的大臣从来不跪拜卫青，每次见了卫青只是揖手而过。卫青不但不生气，还很器重汲黯，他知道汲黯有治国经世之道，还经常向对方请教。

飞将军李广的儿子李敢认为在自己的父亲之死的事情上，卫青有着不可推脱的责任，就一时冲动射伤了卫青，但卫青并没有怪罪他。

春秋战国时期很多诸侯国内地位比较高的人都养士，比方说战国四公子就是因此而出名的。卫青当大将军的时候，他的手下苏建也建议卫青养士，以获得古代四公子一样的好名声。可是卫青认为以前朝中的窦婴、皇上的舅舅田蚡养士，汉武帝很讨厌他们。自己作为皇上的臣子只要奉公守法，做好自己分内的事情就行了，何必在意自己有没有好名声呢?

卫青战功显赫，地位显赫，皇上也很宠信他，可是他并没有仗着这些就骄傲奢侈，反而为人低调，他在世的时候，在政治斗争那么严峻的形势下，全朝的文武百官没有一个不尊重他的，同样，也没有一个人构陷他。这样为人处世的方式值得我们现代人学习。

---

[1] 有些人认为这首诗中有"飞将"就以为是写给李广的，但是李广一生未到过龙城，所以根据相关学者的研究成果，认为王昌龄的这首诗写得是大将军卫青。

原文

舜之命禹，汝雅不矜。说告高宗，戒以矜能。圣君贤相，以此相规。人寸善，矜则失之。问德政而对以偶然之语，问治状而答以王生之言。三帅论功，皆曰：臣何力之有焉。为臣若此，后也称贤。文欲使屈宋衙官，字欲使羲之北面，若杜审言名为虚言。噫，可不忍欤！（《劝忍百箴》）

译文

舜之所以禅位于禹，是因为禹从来不自大自夸。傅说曾经告诫高宗，不可以夸耀自己的能力。古之贤明的君主和贤能的辅相，都是用这些有益的话来互相告诫。人如果有了一点善行，便自夸自大，则会马上失去。东汉刘昆治郡有方，皇帝问他在治任上推行什么德政时，刘昆回答说：“是偶然的。”西汉龚遂治郡也独特有方，当皇帝问他有什么方法时，他就按照门人王生教的话答道：“托圣主的功德。”晋国有三员大将打了胜仗，晋国国君慰问将士时，三员大将都说是另外二人的功劳。作为大臣能够如此谦逊，后人都称赞他们的贤明。我的文章应该让屈原和宋玉看后无地自容，我的字应该让王羲之甘拜下风，杜审言说出这种不切实际的话，人们并不认为这是真实的啊。唉，人怎么能不矜持呢！

解读

中国讲求矜持而不讲张扬，因为太过张扬就会受人指摘，往往带来别人的嫉妒之心，把关系搞糟，而不事张扬，低调为人才会受人称赞。

案例

许攸之死

古人说:“山欲高，尽出之则不高，烟云锁其间则高;水欲远，尽出之则不远，掩映断其脉则远。”这讲的就是人不能太张扬，要为人低调。

三国时期有很多的谋士，其中一个叫作许攸的就因为自己过于张扬，最后白白丢掉了性命。许攸少年的时候和袁绍、曹操都是好朋友，长大以后先在袁绍处做谋士，他天资聪颖，给袁绍提过很多好的意见或建议，袁绍也很赏识他，许攸就得意扬扬。

官渡之战的时候，曹操和袁绍刚开始交战的时候，许攸对袁绍说:“曹操的兵力并不不怎么强盛，数量又少，现在全都在前线抵挡我们，他老窝许都肯定没有多少人守卫，我们不如派轻骑兵前去攻城，一定能够成功。攻城后再以天子的名义去讨伐曹操，一定能够事半功倍。”袁绍一心想先抓住曹操，所以没有听从许攸的计策。

恰在此时，许攸的家人犯了法，当时的官员将其逮捕了，许攸非常生气，就从袁绍那跑了出来投奔了曹操。曹操听说许攸来了，没有来得及穿好鞋袜就去迎接他，大笑道:“许攸来了，这次的战役一定可以获胜!”果然，许攸早已断定曹操的粮食供给不足，只可支撑一月不到，于是给曹操献了一个非常高明的计策，他说:“袁绍的粮食供给都在乌巢存放着，虽然有士兵把守，但是没有什么防备，只要您派轻骑兵直接烧了他们的粮草，没有供给的袁绍军队不出三日就会大败。”曹操听了许攸的计策立刻派了轻骑兵前去烧对方的粮草，也正因为火烧乌巢，官渡之战以曹操的胜利告终。四年以后，曹操又直捣了袁绍所在的邺城，占领了整个冀州，在这一系列的战争中许攸又立下了汗马功劳。

但是，许攸更加自满了，他居功自傲，好几次都对曹操无礼，还不分场合叫曹操的小名，他甚至拍着曹操的肩膀说:“阿瞒啊，要是没有我，你可得不到冀州之地啊!”曹操表面上没说什么，心中对他厌恶至极。还有一次，许攸出邺城东门的时候说:“要是没有我啊，曹家谁能进得了这个门呢?”这件事被人告之了曹操，曹操就将许攸关押了起来，并且最终杀死了他。

许攸有了成就就沾沾自喜，不分场合将自己的得意之形表现出来，最后惹得上司不满，惹得同僚妒忌，终于被人告密而白白搭上了小命。

原文

伯益有满招损之规，仲虺有志自满之戒。夫以禹汤之盛德，犹惧满盈之害。月盈则亏，器满则覆，一盈一亏，鬼被祸福。昔刘敬宣不敢逾分，常惧福过灾生，实思避盈居损。三复斯言，守身之本。噫，可不忍欤！（《劝忍百箴》）

译文

伯益有自满就会招致失败的规劝之语，《尚书·仲虺之诰》也说："骄傲自满，最亲近的人也会离开你。"像大禹、商汤这些贤人虽然有高尚的道德，还是依然心怀自满招损的恐惧。月亮到了满月的时侯就会渐渐变缺，器具里的东西装满了则会倾覆，盈亏祸福，都是鬼神意志主宰着。晋人刘敬宣对别人说，对于过分追求富贵，他是不敢接受的，常常害怕福太多了灾祸就易降临，心里想着如何避开充裕而处于不足之中，世人如果能够经常玩味其意，就足以有安身立命的根本了。唉，人怎能不忍耐自满之心呢！

解读

满了就会溢，圆了就会缺。正是这些生活中的常理，让人们懂得做人做事求半满，正是这半满才能求得圆满的道理。

案例

后唐皇帝李存勖的灭亡

古人说:“谦受益，满招损。”器皿里的水满了就会溢出来，人要是自满了就难免出差错，后唐李存勖的兴起、灭亡正给了我们这样的教训。

李存勖年幼的时候可以说是一位智勇双全的少年，他的父亲李克用非常喜欢他，11岁的时候随父亲觐见皇上，就得到了唐昭宗的称赞。唐朝末年，各地之间的军事势力混战在一起，李克用就经常受制于朱温，不免堕了豪气，李存勖总是劝自己的父亲:“朱温仗着自己的兵强马壮，四处侵犯，还想反叛称帝，这都是自取灭亡的迹象。我们千万不要灰心丧气，只要时机到了我们一定可以胜过对方。”李克用受到儿子的鼓励，才振作起来与之对抗。

李克用临死之前，交给了李存勖三枝箭作为遗命，他希望儿子能够继承自己的位置做成三件大事：一是讨伐刘守光，占据幽州地区；二是打败契丹，解除后顾之忧；三是消灭掉一直压制自己的朱温。李存勖继承了先父的遗志，还将三枝箭供奉在祠堂中，每次出征带着父亲留下的三枝箭打仗。

果然，李存勖不负父望，先是在911年大败朱温，然后就直取幽州地区，活捉了刘守光，9年以后，又打败了契丹人。在此基础上李存勖灭后梁一统北方，并于923年称帝，这就是后唐。

李存勖很喜欢看戏，自己还给自己起了一个唱戏的艺名叫作“李天下”，经常不理朝政，还亲自涂上粉墨，换上唱戏的衣服，跑到台上去唱戏。有一次他大喊了两声自己的艺名，忽然一个伶人走上前去扇了他两巴掌，旁人都吓出了一身冷汗，这个伶人说:“治理天下的仅有皇上一人[1]，你喊两声，那声说的是谁？”李存勖不但没有怪罪，反而还哈哈大笑。

伶人中有很多人都仗着皇上的宠爱，在皇宫中嘻嘻哈哈，有的还戏弄羞辱大臣。李存勖还让伶人当探子，处处监视大臣们的言行。同时，他还重用太监，让太监当军中的监军，朝中文武都苦不堪言。最不像话的是，他居然派人强抢了驻守魏州将士家中的女眷，实在是浑蛋至极。

没过多久，李存勖又冤杀了大将军郭崇韬，另外一名大将李嗣源在将士

---

[1] “李”与“理”同音，故伶人如此回答。

们的拥护下带兵直捣洛阳，李存勖骄只做了不到三年的皇帝就被众人乱箭射死了。

前期李存勖在战场上身先士卒，出生入死，其节节胜利的结果是做皇上，不可谓不风光得意，但是，他当上皇帝之后沾沾自喜，认为已经完成了父亲交给自己的使命，所以从此没有任何进取之心，满足之态尽显，不过三年就失去了天下。

原文

自古快心之事，闻之者足以戒。秦皇快心于刑法，而扶苏婴矫制之害；汉武快心于征伐，而轮台有晚年之悔。人生世间，每事欲快。快驰骋者，人马俱疲；快酒色者，膏肓不医；快言语者，驷不可追；快斗讼者，家破身危；快然诺者，多悔；快应对者，少思；快喜怒者，无量；快许可者，售欺。与其快性而蹈失，孰若徐思而慎微。噫，可不忍欤！（《劝忍百箴》）

译文

自古以来，追求身心快乐而导致灾祸的事例很多，听到这类事的人应引以为戒。秦始皇把使用严刑酷法当作快心的事，从而导致扶苏等遭害；汉武帝把穷兵黩武、四面出击当作快乐的事情，从而导致了人民困苦，到了晚年才悔悟，下诏否定派兵屯田轮台的建议。人生活于世上，每件事情都想追求身心愉快。以骑马快速奔跑为乐事的，人和马都会疲惫；以酒和色为快乐的，则会导致病入膏肓，难以医治；以喜好说话为快事，说错了，四匹马也追不回来；以打架斗殴为乐事，会导致家庭破裂、自身危险的后果；以轻易许诺为乐事，人常会后悔；以轻率回答为乐的，往往缺乏思考；喜怒无常的人，会显得没有度量；以轻率答应别人的请求为乐的，往往会涉嫌欺诈。与其说逞一时之能而闯祸，不如谨慎精思为妙。唉，人对快心之事怎能不加以忍耐呢！

解读

人都喜欢追求自己所认为的快乐，但往往也是这些让自己快乐的事害了自己，所以快乐之事也不要做得太多，要适可而止。

案例

晋灵公不君

春秋时期的晋国经过文公的励精图治终于在当时称霸了，可是他的孙子晋灵公却荒淫无道逆行倒施，尽情地追求自己的快乐，丝毫不顾及别人的感受，最终被臣子刺死。

晋灵公六岁的时候继位，长大以后依然按照自己的喜好做事，丝毫没有君王的样子。他为了满足自己的私欲，无缘无故地加重老百姓的赋税。晋灵公建筑了一个高台，这个台子是他专门用来射弹弓的，无论谁从台下走过，他就拿着弹弓乱射，看到下边躲避弹丸的人们窘迫的样子就哈哈大笑。

晋灵公脾气暴躁，有一次吃饭的时候，因为发现一个熊掌没有炖烂就大发雷霆，将做这道菜的厨师杀掉放在筐里，还让宫女们将其尸体扔出宫去。他做得太过分了，大臣赵盾多次劝他不要如此，他就怀恨在心。

晋灵公特别喜欢狗，他给狗建了很大的花园，还让狗穿上绣花衣服，手下的奸臣屠岸贾为了迎合晋灵公的喜好，还天天称赞狗。灵公甚至下令，要是谁敢触犯自己的狗，他就砍下那个人的脚，全国人没有一个不怕狗的。有一次，狗吃掉了晋灵公御苑中的羊，屠岸贾借机陷害赵盾，说赵盾家的狗偷吃的，晋灵公非常生气就派人去杀赵盾。

第一次晋灵公派杀手去杀赵盾，杀手看到赵盾在天还未亮的时候就已经起床准备上朝去了，如此为国为民的心意感动了杀手，所以杀手选择了自杀以成全忠义；第二次晋灵公邀借赵盾喝酒的机会，暗中隐藏了杀手除掉他，赵盾又被自己的车右相救，后来在一个叫作灵辄的人的帮助下逃亡到了秦国。

晋灵公逆行倒施，国人无法忍受，赵盾的叔伯兄弟就在桃园将其弑杀，然后找回了赵盾，他们从周王室将公子黑臀迎回晋国，是为晋成公。

这个故事里的晋灵公自幼当上国君，但是从来不以君王的身份来要求自己，只是放纵自己心中的欲望，只要自己快乐，想怎么做就怎么做，最后害得忠臣流落他乡，而自己作为一国之君也落得个被臣子弑杀的下场。

在国君说一不二的古代，晋灵公由着性子追求快乐尚且被弑杀，而在自由民主的当代，人们固然不能因为这样的事情戮杀他人，但是敬而远之还是做得到的。

原文

不平则鸣，物之常性。达人大观，与物不竞。彼取以均石，与我以锱铢；彼自待以圣，视我以为愚。同此一类人，厚彼而薄我。我直而彼曲，屈于乎高下。人所不能忍，争斗起大祸。我心常淡然，不怨亦不怒。彼强而我弱，强弱必有故；彼盛而我衰，盛衰自有数。人众者胜天，天定则胜人。世态有炎燠，我心常自春。噫，可不忍欤！（《劝忍百箴》）

译文

事物处在不平的状态便要发出声音，这是事物的通常本性。通达事理的人目光远大，根本不会与一般人争长较短。他要的东西很多，而给我的又非常少；他自以为是高高在上的圣人，把别人看作是地位卑贱的蠢货。同样都是这类人，他们看重的是自己而轻视的是别人。人如果在是非曲直面前不加以忍耐，那么就会导致事端的发生，进而发生灾祸。对此，我们应当淡然相处，既不怨，也不怒。这正如强弱盛衰必定有其中的原因和变化之定数的。众人的意志可以胜过上天的意志，而天意有时也一定胜过人的意志。世态的炎凉变化无常，而我的心中却经常像春天一样温和平静。唉，人的内心不平时怎能不加以忍耐呢！

解读

不平则鸣是人之常理，但因为世态的变化无常，有时的不平就要加以忍耐，否则轻则伤身，重则发生大的灾祸。

案例

韩愈的边鸣边贬

古人常说:“文死谏,武死战。”这说的是文官应该拼死直言为百姓谋福利,武官应该战死沙场以保家卫国。但是不平则鸣固然重要,若能像邹忌讽齐王纳谏那样“良药甜口”,难道不是文官更好的出路吗?

唐朝著名文人韩愈一岁丧母,三岁丧父,从小由兄嫂抚养,可是刚刚十一岁的时候,自己的哥哥也死在了任上,从此以后和嫂子、侄子相依为命。八年以后,也就是韩愈十九岁的时候开始了自己的求仕之途,他的仕途可谓艰难,三次考进士都没有中,三次干谒宰相石沉大海,多次登权势者的门都被拒之门外,一直到其二十九岁才真正做官。

当时,韩愈、柳宗元、刘禹锡同做监察御史,有一年碰到关中地区出现了罕见的旱灾,灾民众多,他们流离失所,路有饿殍,但是负责行政的京兆尹却封锁了灾情,居然向皇上上疏说当年是丰收之年,百姓富足地生活。韩愈立刻写了《御史台上论天旱人饥状》一文上报朝廷,向皇上真实地反映了关中地区的灾情,并记录了百姓的悲惨生活,同时还请求皇上能够减免这一地区的赋税,以帮助老百姓渡过难关。可是,韩愈的这篇文章并没有引起德宗的重视,当时在一些奸佞小人的煽风点火下,韩愈被贬为了连州阳山县县令。

过了几年,韩愈被调回了京城长安,此时的皇上变成了唐宪宗。唐宪宗崇拜佛教,他耗费巨资,兴师动众地要迎接佛骨,这时候他又不平则鸣,写了《论佛骨表》,他在该文中表达了要将佛骨扔进大江冲走,扔进大火烧为灰烬,从而断绝迷信的道路的观点,甚至在文章中直面斥责皇上。皇上见了以后大为恼怒,要处死韩愈,幸亏朝中诸位大臣为其求情才免了死罪,但是韩愈被贬为潮州刺史。

韩愈一生仗义执言,最终一贬再贬,还差点因此葬送了性命,所以说若我们碰到了不平之时、不平之事,应当加以忍耐或者通过其他途径解决问题,想来一定会带来不同的效果。

原文

望仓庾而得升斗，愿卿相而得郎官，其志不满，形于辞气。故亚夫之怏怏，子幼之呜呜，或以下狱，或以族诛。渊明之赋归，扬雄之解嘲，排难释忿，其乐陶陶。多得少得，自有定分。一阶一级，造物所靳。宜达而穷者，阴阳为之消长；当与而夺者，鬼神为之典掌。付得失于自然，庶神怡而心旷。噫，可不忍欤！（《劝忍百箴》）

译文

希望得到仓庾那样多的谷物却仅得到升斗之多，希望当上九卿和宰相的职位而只得到县令之类的小官。向往的东西越多，其实现的希望又太少，这样现实满足不了志向，在言语和表情上就会表现出来。西汉人周亚夫因为汉景帝请他吃饭时，席上没有大块肉而不高兴，后因他事而被投进监狱；西汉人杨恽为人廉洁奉公，被人陷害而免官，由于心中感到不满，被汉宣帝腰斩，家人也遭流放。陶渊明辞官回家种田写诗作赋，西汉人扬雄写自己心中感受的解嘲文章，他们这都是为了排除忧患，发泄心中的不满啊，因而也其乐无穷。利禄的多得与少得，自有上天的赋予。士人进阶升级享受爵禄的等递，这也是造物主的安排。应该升官晋爵的人反而贫穷；应该给予的反而被剥夺，这都是阴阳消长变化和鬼神掌管的缘故。将个人得失置之度外，付之自然，这样人做起事来才会觉得心旷神怡。唉，人怎能不学会对不满的忍耐呢！

解读

处在世事的纷杂变化中，有时付出的多而收获的却很少，难免心中生出许多牢骚和不满，但不可因此就生出悖逆常理之事，这样就会做出许多错事，受到不应有的处罚。

案例

功大官小的刘永福

人们常说“付出总有回报”，但是真的是这样吗？让我们一起走进清末民族英雄刘永福的一生去看看吧！

刘永福是广州钦州人，他刚开始的时候是反清义军“黑旗军”的首领，当同治十二年（1873 年）的时候，法国军队入侵越南，因为当时黑旗军驻扎在越南境内，所以越方就要求刘永福和他们联合起来，一起抗击法国人的入侵，刘永福与越军大败法军。

过了几年，入侵越南的法国军队又蠢蠢欲动，准备进攻我广西境内，刘永福率领了自己的三千黑旗军子弟大获全胜。第二年，法军居然开始进攻台湾的基隆港，清政府对法宣战。刘永福就带领自己的黑旗军和清军协同作战，一次次地战胜法国侵略者。

1894 年甲午中日战争爆发，又是刘永福率领着黑旗军赶赴至台，帮助台湾完成自己的防守工作。即使是《马关条约》签订以后，刘永福依然留在台湾，和当地的抗日力量共同合作，进一步率领黑旗军抗日。由于清政府当时拒绝援台的政策，刘永福的部队和当地的抗日武装受到了很大的损失，刘永福的部下基本上全都战死沙场，即使这样他也拒绝投降日本。

直到 1915 年袁世凯窃取了革命的胜利果实，并且要接受日本提出的所谓“二十一条”，十年后已经年逾耄耋之年的刘永福义愤填膺，要求上战场杀敌。

刘永福这一生中一直在和侵略者进行着不屈不挠的斗争，他的爱国热情无不感染着我们，可是纵观其一生，他的功劳不能说不大，可是他却没有担任过地位很高的官，也不过是在同治二十八年（1889 年）的时候在广东担任了赐石镇总兵，在辛亥革命之后被人们推举为广东民团的团长。

我们说世事变化莫测，有很多时候，你付出的很多可是得到的却很少，这时候我们应该心存坚韧，不要太在意这些得失。面对着自己巨大的付出，刘永福所得可谓少矣，但是他从来没有过任何埋怨，依然在国难当头的时候挺身而出，这样的气度是多少人都不曾具备的，这也是这位著名的爱国志士用一生告诉我们的故事。

行为卷

第三

原文

恂恂便便，侃侃誾誾，忠信笃敬，盍书诸绅。讷为君子，寡为吉人。乱之所生也，则言语以为阶；口三五之门，祸由此来。《书》有起羞之戒，《诗》有出言之悔，天有卷舌之星，人有缄口之铭。白珪之玷尚可磨，斯言之玷不可为。齿颊一动，千驷莫追。噫，可不忍欤。(《劝忍百箴》)

译文

诚实不欺，辩说明晰，刚强正直，和颜悦色而敢于直言；竭心戮力，信实诚恳，始终如一，这些都是说话为人的行为准则。所以，古人认为言语谨慎迟钝的人是为讷，言语少的人是为善人。祸乱的滋生，则是由言语作为阶梯的；口是用来记录日、月、星辰，宣扬五行的，一切灾祸都因言语不慎引起。《尚书》中有说话不合礼义就会招来羞辱的劝诫;《诗经》中也有告诫人们说话谨慎的言辞，否则不恰当的话一说出口就会懊悔，因此上天配有卷舌的星辰，专管人们的言语好坏，人间也备有不说话的警语以示人们。白玉如果带有污点，还可以通过雕琢使它洁白无瑕，但言语一旦失当，就没有什么办法能够补救。口一张，齿一动，说出话来，四匹马也追不回来。唉，人说话怎么能不学会忍耐呢?

解读

俗话说，祸从口出。在要说话之前，一定要加以思考，且不可嘴不过脑，这样说出来的话有时就收不回去，而行动起来却无法与其对应，那么就会后悔晚矣。

案例

祸从口出两父子

我们都知道“祸从口出”这句话，但是很多人都认为不就是多说了一句话，至于招来什么灾祸呢？南北朝入隋的时候有父子两人都死于“长舌”，这就是贺氏父子，让我们来看看他们两个的命运吧！

贺若敦是南北朝时期北周的大将，他善用计谋，战功卓绝，可是一直没有得到应有的封赏，所以难免口出怨言。这件事被晋王宇文护知道了，就逼迫贺若敦自杀。贺若敦临死前对自己的儿子贺若弼说：“我今生有一个愿望就是平定江南，但是现在因为说了不该说的话招来了杀身之祸，希望你以后能够完成我的心愿，还要谨言慎行。”说完这话还拿锥子把儿子的舌头刺破了。

贺若弼刚开始的时候的确是按照自己父亲的嘱托，说话比较小心，所以在北周皇帝更迭的过程中保住了自己的性命。杨坚建立隋朝之后，贺若弼入隋，并且在其灭陈的战争中立下了汗马功劳，也算是完成了父亲的遗愿了。

可是时过境迁，贺若弼仿佛忘记了父亲当年对他锥刺的警诫，开始骄傲自满，心中觉得自己的功劳非常大，常常以宰相自居。后来隋文帝封杨素做了右仆射，贺若弼虽然还是将军，但是心里就不高兴了，甚至将不满情绪表达了出来，总是口出狂言，说杨素、高颖两个宰相都是大笨蛋。

杨坚知道后很生气，将贺若弼投到监狱里，质问他：“你怎么能够这样说呢？”贺若弼居然不知悔改，对皇上说：“高颖和我是老朋友，杨素是我大舅子，我想怎么说就怎么说。”朝中大臣为此议论纷纷，都认为贺若弼有着过多的怨恨之心，希望皇上对其处以极刑。皇上感念于他的赫赫战功就削其官职，贬他为民了。虽然后来又再次入朝，隋文帝也没有再重用他。

到了杨广即位，杨广更加疏远贺若弼了。到了公元607年，杨广制造了一个非常大的帐篷来接待突厥人，这个帐篷可以容纳几千人，奢侈至极。贺若弼就在私下里和其他的官员议论这件事，结果又被别人告到了皇上那里，皇上说贺若弼诽谤朝政，并于当年杀死了他。

贺若弼的父亲因为逞口舌之快命丧黄泉，而自己也是同样的原因丢掉了自己的性命，要知道说出的话是泼出去的水，我们无论说什么话都应该经过深思熟虑，否则一旦造成不良后果，那个苦果只有我们自己咽下去了。

原文

争权于朝，争利于市，争而不已，瞀不畏死。财能得人，亦能害人。人曷不悟，至于丧身。权可以宠，亦可以辱。人胡不思，为世大僇？达人远见，不与物争。视利犹粪土之污，视权犹鸿毛之轻。污则欲避，轻则易弃。避则无憾于人，弃则无累于已。噫，可不忍欤！（《劝忍百箴》）

译文

在朝廷上争权，在集市上争利，争斗没有止境，逞强而不怕死。钱财能够使人获得益处，但也能够害人。人为什么不觉悟，以至于为争夺财物而失去了性命呢？权力可以使人得到宠爱，也能让人受到侮辱。人们为什么不多加思索，而要争权夺利丢掉性命呢？豁达的人具有长远的目光和志向，不与人争名夺利。他们将利欲视如粪土一般污浊，把权力看得比鸿毛还要轻。污浊了就想避开它，轻视了那么就很容易抛弃它。避开则没有对别人感到遗憾的，抛弃了则对自己没有什么祸害。唉，人们对权力的争夺怎能不忍耐呢？

解读

金钱和权力都是好东西，但它们也是把双刃剑。因为这是世人都想得到的，而数量却是有限的，所以就产生了争斗，争斗一起，自然就会伤人，所以在对金钱和权力的态度上，要有正确的认识，切不可陷于争斗中而不知退。

案例

权力狂刘晟

历史上很多人都视金钱和权力为生命中必争的事物，有些人为了金钱命丧黄泉，东晋石崇是也，也有的人成为了权力的牺牲品。

五代十国时期，是我们国家历史上一段极其混乱的年代，就在朝代更迭频繁的那个时代中，居然出现了我国历史上的一个空前绝后的权力狂，他在位的十五年中残杀了自己在世的所有兄弟十五人，这个人就是南汉的中宗刘晟。

南汉的开国皇帝叫作刘之子，一共生了十九个儿子，其中的大儿子、二儿子属于因病早亡的，九儿子是在战争中战死的，剩下的十六个儿子都成了争权夺势中的牺牲品，都成了他四儿子刘晟的俎上鱼肉。

按照长子继位的传统，刘之子去世以后，应当由三子刘玢即位，而事实上也是这样的，可惜刘玢简直是大逆不道，荒唐透顶。自己父皇尸骨未寒，他就在皇宫中显现出了一种歌舞升平的气象，这个皇帝只为了自己的娱乐根本不理朝政，所以整个国家陷入了内忧外患之中。

刘晟为了达到自己篡位的目的，进一步通过各种方式让自己的兄长尽情娱乐，最终联合了老五刘洪昌、老十刘洪杲将其在寝宫杀害，然后顺理成章地从晋王一跃成为了皇上。当了皇上的刘晟倒是不似自己兄长般荒唐，可是却很暴虐。随着大权在握，刘晟变得越来越疑心，他怕其他的兄弟和自己一样想当皇帝，就开始了一连串的大屠杀。

当时帮助他登上皇位的老十刘洪杲因为提了一些合理化建议，被他认为是在挑战自己的皇权，就连夜宣其进宫将他杀害了。

而他的五弟刘洪昌本来就很有才能，当年刘之子也想立其为太子，可是很多主张立长的大臣劝谏才使其与皇位失之交臂。此时的刘洪昌担任兵马大元帅，刘晟觉得其对自己的威胁太大，就在祭拜皇陵的途中派刺客将其暗杀了。

刘晟的八弟刘洪泽也是一个勤政爱民的好王爷，当时传闻刘洪泽掌管的南宁上空出现过一只凤凰，放在古代来讲，这是上天要八王爷称帝的吉兆，于是刘晟就直接赐了一杯毒酒要了老八的命。从此以后刘晟就对朝中幸存的兄弟展开了大屠杀，曾经一日之内杀了八个兄弟，而后又找借口杀掉了剩下的兄弟们。

我们可以看到，权力彻底蒙蔽了刘晟的眼睛，他为了手中的皇权居然全然不顾兄弟情谊，可见对权力过于执着有时候会将人变得禽兽不如啊！

原文

以俭治身，则无忧；以俭治家，则无求。人生用物，各有天限。夏涝太多，必有秋旱。瓦鬲进煮粥，孔子以为厚；平仲祀先人，豚肩不掩豆。季公庾郎，二韭三韭。脱粟布被，非敢为诈；蒸豆菜菹，勿以为讶。食钱一万，无乃太过。噫，可不忍欤！（《劝忍百箴》）

译文

用节俭的品德来修身，就会没有忧虑；用勤俭来治理家庭事务，就不会有过分的要求。人的一生所用的物品都各有各的天限，如果夏天雨水太多而引起洪涝，那么秋天一定会干旱的。鲁国有个很节俭的人，用瓦鬲来煮食物，送给孔子，孔子认为很好；齐国的贵族晏婴祭祀先人的时候，猪肩盖不住筐子。季崇担任尚书令，家常只吃腌韭菜和煮韭菜。庾杲之官至尚书左丞，时常吃的也只是腌韭菜、煮韭菜和生韭菜。西汉丞相公孙弘，平时吃饭只吃一种肉和刚脱壳而没有舂的粟饭，盖着布被子，一点假都不敢做；唐代卢怀慎曾做黄门监同平章事，因病回归故里后，天黑了，吃饭时只蒸两盆黄豆和酸菜，不要以为很奇怪啊。晋代何曾每天要吃价值一万钱的食物，这太过分了吧。唉，人怎能不忍受俭朴的生活呢！

解读

俭是用来修身养德的，不是用来节约钱财的。正因为俭会很难，所以很多人都很难坚持，特别是曾经很奢侈的人，但是如果不俭朴，就会招来更多的事，不只是浪费钱财而已。

案例

节俭的司马光

诸葛亮在《诫子书》中说道：“夫君子之行，静以修身，俭以养德。”这就说明了节俭是用来培养品德的道理。我国古代有很多名人都深谙此道，北宋时期著名的史学家司马光就是这样一个人。

司马光的节俭深受自己父亲的影响，其父司马池虽然只是一个小小的县令，但是生活简朴，有时候上级官员来视察，他也只是准备一些当地的山果特产，最多不超过六个菜招待上级官员。俗话说身教重于言传，这样的家风影响了司马光的一生。司马光在朝中做谏官的时候，给皇上的奏折有一大部分都是劝俭的。

司马光后来到京城做了大官，很多人都以为他就此发了大财，当时他的老朋友刘蒙也调到了京城做官，刚到开封的时候刘蒙去找司马光，说自己家里父母需要赡养，兄长去世需要埋葬，弟弟妹妹、嫂子侄子等孤苦无依没钱抚养，希望对方能够借给自己五十万钱用，司马光认为老友不了解自己的为人，很是痛心。他写信给对方说明了自己“简朴为官”的决心和现状，对方才知道原来司马光和一些大官是不一样的。

司马光的妻子和其相伴一生，比他早一些去世，因为当时司马光已经是朝中重臣了，所以很多官员都想借此机会巴结他。但是司马光并没有为和自己相濡以沫了一生的爱妻办丧礼，而自己也没有钱办丧礼，于是就卖掉了自己家的田地把老伴安葬了。而司马光死后，他除了八篇奏折的草稿和一卷《役书》外，就再没有什么财产了。

司马光还将这种简朴的家风传承了下去，他还专门写了一篇《训俭示康》，给自己的儿子司马康，文章中的“由俭入奢易，由奢入俭难”成为流传千古的佳话。而司马康也谨记父亲的教诲。宋哲宗当时亲自拨款二千两银子给司马康用作其父的丧葬费用，司马康屡次拒绝，在为其父治丧期间也一切从简，这也算是符合了司马光一生的志愿了。

但凡是在历史上留下过美名的人物，都不会不重视自己的品德修养，我们要学习他们的高尚品质，不妨从节俭开始做起吧！

原文

取戒伤廉，有可不可。齐薛馈金，辞受在我。胡奴之米不入修龄之甑釜，袁毅之丝不充巨源之机杼。计日之俸何惭，暮夜之金必拒。幼廉不受徐乾金锭之赂，钟意不拜张恢赃物之赐。彦回却求官金饼之袖，张奂绝先零金镰之遗。千古清名，照耀金匮。噫，可不忍欤！（《劝忍百箴》）

译文

孟子说过，获取某些东西时，要力戒有伤廉洁的事情，有时可以获取，有时则不能获取。齐国和薛国馈赠金子给我，接受与不接受，我得根据情况而定啊。陶胡奴送来的米，王修龄一点也不肯接受；山巨源接受了贪污和贿赂的袁毅丝绸一百匹，却藏之而不取用它，事后送给审查袁毅的官员。杨震的儿子按工作时日接受俸禄，其父杨震拒绝接受别人夜间送来的金子，如此行径有什么惭愧呢。李幼廉没有接受徐乾黄金百锭的贿赂，钟离不愿意接受皇上所赐的从贪官张恢家抄出的珠宝。褚彦回为官清廉，严词拒绝了衣袖里装着金子的向他要官做的人；张奂也拒收富豪们感恩而送的良马和金镰八镒。这些历代清廉之士的美名，流传千古，永被人们称颂啊。唉，人对于贪欲怎能不加以忍耐呢！

解读

为官最重要的就是要清廉，该自己获取的自然要获取，但是一些贿赂的财物就不要随意获取，因为获取后就要受制于人，就要做出违背公家的事。不要被自己的贪欲所害，还是要遵循“君子爱财，取之有道”的规则。

案例

乾隆时期的巨贪和珅

人们常说“三年清知县，十万雪花银”，这是对历史上很多官员利用自己手中的权力给自己“谋福利”的形象描绘，的确如此，乾隆年间的和珅那更是很好地诠释了“贪”这个字。

和珅出生于公元1750年，小的时候过得并不好，他父母双亡以后幸得老家丁和父亲一个妾的保护才没有被赶出家门。和珅自幼聪颖过人，精通满汉藏蒙四种语言，精于儒家经典，后来终于通过自己的努力进入仕途，并在乾隆帝面前大展才华。

和珅也不是一开始就是一个贪官的，他自幼学习的圣贤书告诉自己应该为官清正，就是他帮助别人谋得了职位以后，人家送给他一块玉，他都坚决不收。皇上还曾经命和珅协同其他大臣调查云贵总督李侍尧的贪污案，和珅在案子的调查过程中立下了汗马功劳。李侍尧被抄家以后，从他家抄出来的很多财产都被和珅自己私吞了，乾隆帝又念和珅劳苦功高赏赐了他很多财产，和珅第一次品尝到了掌握大量资财的滋味。

后来，皇上越来越器重和珅，他被封为户部尚书，主管全国的财政税收工作，后来皇上还把自己的女儿嫁给了和珅长子。朝中的文武百官看到和珅如此受到皇上的宠爱，纷纷巴结和珅，很多人都给他送礼行贿。

刚开始的时候，和珅并不受贿，可是随着时间的发展，和珅就开始结党营私，手里贪污的钱也越来越多，就是外邦进贡的贡品，和珅也都要想方设法地弄到手。这贪污一开了头就没有尾了，直到嘉庆年间抄了和珅的家，我们才知道原来和珅家里的东西已经多到他自己也数不清的地步了。

清人有一本叫作《庸庵全集》的书，里边有一篇《查抄和珅家产清单》的文章，其中详细记载了从和珅家中抄出来的物品银两的明细，总的来说，和珅家里抄出来的家产估价为十一亿两，与当时一年七千万两的清政府国库收入做比的话，就是说和珅一个人的身价等于全国十五年的国库收入，也难怪民间流传“和珅跌倒，嘉庆吃饱”了。

和珅从一个清廉之官走向巨贪，接受了很多下属官员的银两，而自己也经常不对该官员考察就升其官，这样做不是有违于为官之道吗？当今社会也是如此，我们应当反腐倡廉，只有这样你才能在自己的位置上坐得稳，才能在睡觉的时候不被噩梦吓醒。

原文

富视所与，达视所举。不程其义之当否，而轻于赐予者，是损金帛于粪土；不择其人之贤不肖，而滥于许与者，是委华背衮于狐鼠。《春秋》不与卫人以繁缨，戒假人以名器。孔子周公西之急，而以五秉之与责冉子。噫，可不忍欤！（《劝忍百箴》）

译文

人富贵了要看他把东西送给什么样的人，做了高官要看他推荐什么样的人。在取或赐予时，不去考虑是否做得恰当，一概乱给，这就如同把金银布帛放在粪土之中；不分辨人的贤能与不肖而随便乱给，这就如同把华贵的衣服穿在低级动物的身上一样。《春秋左传》中告诫卫国不应赐予相救孙良逃走的于奚繁缨，而应多给一些城池，名与器不应该随便给人的。《论语》中也有告诫，冉子因给了出使齐国的公西之母几斗米，事后孔子责备冉子说：“君子应该救济不足的人，而不应救济有余的人。”唉，随便施与的坏习惯怎能不加以忍耐呢！

解读

施与也要有一定的规则，不能随便什么人都给，对于那些贪得无厌和不求上进的人就不要乱给。再者没有很多就不要装大方之人，这样只会使自己难以为人处世。

案例

贪得无厌的智伯

俄国伟大的诗人普希金曾经写过一篇家喻户晓的童话长诗《渔夫和金鱼的故事》，故事里渔夫的妻子贪得无厌，从一无所有到拥有金碧辉煌的宫殿又回到一无所有的生活全都来自于她的贪念，这样的人在历史中也经常看到。

春秋末年的时候，诸侯国纷争更加厉害，其中曾经在春秋称霸的晋国一直是其中实力很强的一个。晋国设立六名上卿，到春秋末年的时候其上卿分别是赵、魏、韩、范、智、中行，他们之间本来是相互制约的，但是其中的智伯却率先发展了起来。

智伯野心勃勃，希望自己能够将其他几家全部消灭掉在晋国独大，甚至取而代之，于是就想尽了一切办法来扩展自己的势力。他采用与别人联合的办法消灭异己，比方说率先和赵魏韩三家一起打败了中行家族，从此以后他就霸占了中行家的地方，这样他就比其他几家都大一些了。

没过几年，智伯又威逼韩家给了一块土地，这块土地上有一万户人家，要知道这在春秋时期可是很大的一块地方了。然后，魏家也遭到了相同的命运，紧接着智伯得寸进尺要求赵家割让给自己两块地方，这其中有一块地方是赵家祖宗的封地，可以说是其宗庙所在，赵家的当家人赵襄子当然不会同意他的无理要求。智伯觉得自己的威严受到了挑战，为了达到其目的，他强迫已经割地的韩魏两家出兵帮助他一起讨伐赵家。

赵襄子率领自己家的人抵死反抗，守城不出，在晋阳这个地方对峙了三年也没有结束战争。赵襄子有一个谋士，叫作张孟谈，他对赵襄子说，智伯这样利欲熏心贪得无厌，想来韩魏两家也对他讨厌至极，只是没有一个好的机会报仇罢了。于是赵襄子派人秘密地联系了韩家和魏家的当家人，三方终于联合起来，在一个夜晚出奇兵进攻智伯，终于把智伯给杀死了。

智伯的实力不可谓不强，势力不可谓不大，他用强迫的手段满足自己不断膨胀的贪心开始还能得逞，可是时间长了人们势必会反抗，贪得无厌的下场必定是悲惨的。在现在这个社会也是如此，切莫让过度的贪念蒙蔽了你的眼睛。

原文

箪食羹，不得则死，乞人不屑，恶其蹴尔。晚菘早韭，赤米白盐，取足而已，安贫养恬。巧于钻刺，郭尖李锥，有道之士，耻而不为。古之君子，有平生不肯道一乞字者；后之君子，诈贫匿富以乞为利者矣。故《陆鲁望之歌》曰:“人间所谓好男子，我见妇人留须眉。奴颜婢膝真乞丐，反以正直为狂痴。”噫，可不忍欤！（《劝忍百箴》）

译文

竹器里盛着饭，木器里放着汤，人得不到它就会饿死，但如果用脚踩一下送给人，即使这人是乞丐也会不屑一顾。有春天刚刚长出来的韭菜和秋天成熟了的菘菜，以及红米和白盐，作为生活的必需品，就很是心满意足了。北魏郭景尚由于很会拍马逢迎升为员外郎，人们取一外号叫他郭尖；北魏的李世哲也是靠贿赂谋取高官，人们笑称他叫李锥；他们的这些勾当，正直的人们都会引以为耻而不去效仿。古代的君子，有一生之中都不肯说一个乞字的；而现代的君子，谎称贫穷隐匿财富以乞讨而谋取利益。所以唐人陆鲁望作了一首歌说:“世人哪有所谓的好男子，在我看来不过是留着须眉的妇人。他们奴颜屈膝，其实是真正的乞丐，这些人反而将正直的人称为呆子。”唉，对于那种乞求的举动怎能不忍耐呢！

解读

古人讲不食嗟来之食，对于乞求之事也是有所不取的。上面专门举了一些道貌岸然之人，隐匿财富却装作乞讨而谋取利益，这是最难防的，所以对于乞求之人也要加以甄别。

案例

装穷丧国的崇祯帝

乞讨是任何一个人都不愿意做的事情，但是即使是乞讨的时候也要有骨气，因此古人说“不食嗟来之食”。可是隐匿自己的财富乞讨就会让人对其品格产生怀疑，而有时候故意的装穷可能会有灭顶之灾，崇祯帝就是一个装穷的亡国之君。

崇祯年间，关外的女真蠢蠢欲动，西安已有李自成建立了大顺政权，国家内部呈现出大厦将倾之状，当时的国家财政捉襟见肘，可是农民起义军已经以势如破竹之势马上要进入皇权腹地，崇祯帝无计可施，急调吴三桂进京。

可是，吴三桂的军队进京需要一笔大约一百万两的经费，这个数字对于勤俭的崇祯帝来讲简直是天文数字，于是他居然放弃了这个可以挽救大明王朝的调兵计划。此时，崇祯帝能够做的就是坚守京城了，然而，坚守京城依然需要一笔军饷。

对于一个当时国内生产总值占有全世界百分之八十的大明王朝来说，四十万两居然成了国库底线，然而，崇祯帝本人却有很多的个人财产，不算珠宝，仅仅银两就有三千七百多万两，而此时面对着守城军饷，崇祯帝居然开始哭穷，即使左都御史刘邦华已经直面皇上，请求皇上拿出自己的一些“私房钱”，崇祯帝还是舍不得那些银子，于是他想了一个让文武百官捐款的方法。

试想一下，自己的王朝自己有钱都不出，还在那里哭穷乞讨，大臣们怎么会为国家倾囊相助呢？国丈周奎是当时天下有名的富豪，可是他却对去劝捐的太监大哭一场，说自己没有钱，直到皇上亲自下令，他才拿出区区一万八千两，这其中还有自己的女儿周皇后送给他的五千两。

皇上如此，国丈如此，其他大臣也是如此。那些大臣们没有周奎那么硬的后台，就在自己家的大门上贴上“此房急售”的字条，意思是说皇上让我们捐钱，我们没有现金，只能卖房子来捐款了。其中做了多年首辅的魏藻德大人居然仅仅拿出了五百两银子来应付差事。

当然，结果是银子没捐来，军饷没着落，李自成的大军很快攻进了北京城，皇上上吊自杀，大臣被李自成的手下们打骂了一番，所有当年舍不得拿出来的银子，从皇帝的到群臣的都被李自成抄走了。

这样的乞讨故事可谓空前绝后，和一般的乞讨截然不同，我们从中领悟了什么呢？我想答案是不言而喻的。

原文

人有不足于我乎，求以有济无，其心休休。冯谖弹铗，三求三得。苟非长者，怒盈于色。维昔孟尝，倾心爱客，比饭弗憎，焚券弗责。欲效冯谖之过求，世无孟尝则羞；欲效孟尝之不吝，世无冯谖则倦。羞彼倦此，为义不尽。偿债安得惠开，给丧谁是元振。噫，可不忍欤！（《劝忍百箴》）

译文

人都有不知足的地方，拿多余的救助缺少的，这样倒可以心安理得。冯谖三次弹铗，孟尝君都倾心满足他的要求。若非做主人的时常注意不将怒气挂在脸上，而真心爱其客人，一同吃饭不憎视，客人自作主张焚毁了薛地百姓的债券也没有受到责怪。假如当今谁欲效仿冯谖那样的过分索求，可是遇不到孟尝君，只会自讨没趣；要效法孟尝君的慷慨，如遇不到冯谖那样的贤士，也只能是心灰意懒。无论是自讨没趣还是心灰意懒，都不可能做到仁至义尽。天底下哪里能够找到像萧惠开这样用自己的全部马匹来替同僚偿还债务的人呢？谁又能像郭元振那样将四十万钱全部送给一个素不相识的人办理丧事呢？唉，别人对自己的过分要求在忍耐啊！

解读

这里举的是孟尝君和冯谖的例子，讲的是无理的求取能不能答应，这就要看求取之人是什么样的，是讲信用的人吗，是有能力的人吗，是正人君子吗？

案例

要求颇多的侯嬴

在很多情况下，我们总是看到一个人的无理要求，但是没有进一步思索其个人能力，如果是诚实讲信之人，是能力过于常人的正人君子，那么我们就要忍耐对方的过分要求，因为这也是我们成功的一种方式。

战国时期有著名的四大公子，其中魏国有信陵君魏无忌，他礼贤下士，在面对一些高人隐士的无理要求的时候总是风度翩翩，对对方恭敬之极，有求必应。

魏国国都大梁的东门有一个守城的小官已经70多岁了，叫作侯嬴，信陵君知道他是隐士以后就带着一份厚礼前去拜访，侯嬴说什么也不肯接受。信陵君没有办法就在府中摆了一桌宴席，其他宾客都坐好以后，魏无忌才驾马车去东门亲自迎接侯嬴。

侯嬴一看信陵君把车上最尊贵的地方让出来给了自己，二话没说稍微整理了一下衣冠就上了车。他观察了一下信陵君，发现无忌公子的态度更加恭敬了。侯嬴说："我的朋友朱亥在市场上做屠夫，希望能够坐着您的马车去。"公子立刻驾车去了市场。

市场上的人都看到了信陵君为侯嬴驾车，家里的宾客也都等着信陵君开席，可是侯嬴下车以后并不搭理信陵君，还和朱亥说了很长时间的话，他斜着眼睛偷看信陵君，发现信陵君一点不耐烦的样子都没有，这才去了信陵君的府中。

到了宴席上，信陵君请侯嬴坐了上席，并且给所有的宾客非常恭敬地介绍侯嬴，大家都很奇怪，酒过三巡，信陵君又亲自走到侯嬴面前为他祝寿，侯嬴看到信陵君的谦恭不改当初这才说出自己要求这么多的原因。原来他是故意试探公子，同时也让街市上的人们看到信陵君礼贤下士。

侯嬴向信陵君推荐朱亥，虽然信陵君多次邀请，朱亥都拒绝了，但是信陵君依旧没有任何怨言，还是很恭敬地对待朱亥。

后来秦国进军赵国，白起将军在长平之战中大败"纸上谈兵"的赵括，赵国向魏国求救，魏王因为害怕秦国不敢发兵相救。此时的信陵君正是有了侯嬴的计谋和朱亥的身手才得以"窃符救赵"，而他本人也在赵国受到了很高的礼遇。

假如说我们的身边有侯嬴、朱亥，那么我们为什么不尽量满足他们的要求呢？

原文

自古达人，何心得失。子文三已，下惠三黜，二子泰然，曾无愠色。银杯羽化，米斛雀耗，二子淡然，付之一笑。盖有得有失者，物之常理；患得患失者，目之为鄙。塞翁失马，祸兮福倚。得丧荣辱，奚足介意。噫，可不忍欤！（《劝忍百箴》）

译文

古代的达人，对于得失心中没有什么计较的。令尹子文三次被任令尹官，又三次被罢免；柳下惠担任士师，也三次被罢黜，他们对此都处之泰然，丝毫没有怨恨和生气的样子。银杯羽化成仙这是笑话，三千石米被老鼠和乌鸦吃去了一大半，这也是不诚实的谎言，但柳公权、张率对这种不愉快的事情看得很淡，一笑而了之。有得必有失，有失必有得，这是事物不变的道理；担心得不到，得到了又担心失掉，人们把此认为是愚蠢的。塞翁失马的故事说明，灾祸与幸运往往是相互依存的。幸运中隐藏着灾难的种子。唉，人怎能不忍耐呢！

解读

人总是害怕失去，也会为失去而后悔不迭，与其这样，不如把失去看得淡一些，因为只有失去才会有获得，没有失去的获得是不存在的，这样即使失去也会泰然处之。

案例

晋文公退避三舍

《易经》中说"否极泰来"，讲的就是事物发展到顶点总爱向着其相反的方向迈进，这和"塞翁失马"的故事是一样的，成语"退避三舍"的由来也在一定程度上表达了这样的道理。

春秋的晋国发生了一件很有名的事情，叫作"骊姬乱国"，讲的是晋献公听信宠爱的女子骊姬的谗言，杀死了当时的太子申生，要传位于骊姬的儿子，而其他公子相继逃出自己国家，在外流亡，其中就有后来称霸的晋文公重耳。

重耳带着自己的随从，从自己外公处狄族出发，一路经过齐、宋等很多国家，来到了楚国。当时的楚成王看到重耳气度非凡，认为他日后定成大业，所以用很高规格的礼仪来接待他。楚成王摆设宴席款待重耳，席间问："如果有一天公子您有朝一日当上晋国的国君，该如何报答我呢？"重耳被逼无奈只得说道："假如我真的能当上晋国的国君，一旦我们两军对垒，那时候我一定命令我们自己的军队退避三舍[1]。"

四年以后，重耳在秦穆公的帮助下回到晋国，是为晋文公，在晋文公的励精图治下，晋国日益强大，开始显露称霸之势，而公元前 632 年的城濮之战确定了晋文公在春秋时期的霸主地位。

由于当年晋文公做出过"退避三舍"的承诺，所以两军相遇之时，晋文公就命令自己国家的军队向后退了九十里路，驻扎在了城濮这个地方。楚国大将子玉看到晋军还没有打就后退了，居然忘记了楚王的告诫，以为晋军害怕了一路追去。追到城濮这个地方，子玉放出狂言："我不日即可灭掉晋国了！"殊不知，退避三舍恰恰是晋国战神先轸的计策，晋军在城濮摆开架势，严阵以待。最后楚军被晋军斩断双翼，大败而归。城濮之战也就变成了诱敌深入的经典战例。

虽然我们常说"先下手为强，后下手遭殃"，但是在变幻莫测的战场上这些都不是必然的。晋文公听从了先轸等人的意见和建议，避开了楚军的锋芒，既践行了自己的诺言，又把自己置于有利的军事位置上，实在是大智大勇。所以我们才讲有时候事物并不是像我们看到的那样，所谓的"祸兮福倚"想必说的就是这个道理吧！

---

[1] "舍"是古代的长度单位，一舍大概是三十里。

原文

窃位苟禄，君子所耻，相持而动，可仕则仕。墨子不会朝歌之邑，志士不饮盗泉之水。析圭儋爵，将荣其身，鸟犹择木，而况于人。逢萌挂冠于东都，陶亮解印于彭泽，权皋诈死于禄山之荐，费怡漆身于公孙之迫。携持琬琰，易一羊皮，枉尺直寻，颜厚忸怩。噫，可不忍欤！（《劝忍百箴》）

译文

占据高位而贪图俸禄，君子以为耻，而应根据时势、变化和运作，能够做官才做官。墨子听到朝歌这个地名，马上就掉转车头；孔子即使口渴，也坚决不饮盗泉的水。一个人如果手里捧着美玉，身处高官显爵的位置，这诚然能够荣耀起来，但是还应认识到，大自然中的鸟类尚且能够选择树木来作为自己的归宿，何况我们人类，也应该把握住为人的标准，而不能因世俗而改变。西汉逢萌看到当政者滥杀无辜的人，便把帽子挂在洛阳城的大门上，而辞去亭长的官职；隐士陶渊明为了不至于向权贵低头，便除去县官的印绶，告官回乡；唐代的权皋曾用装死的方式欺骗了安禄山，而辞去幕僚的职位；西汉的费怡无奈于公孙述的淫威而用漆涂满了身子，装疯卖傻，而不肯做官。有的人手里已有珍玉，却想与别人的羊皮交换，他们为了个人的荣耀，而不惜出卖人格，反而还口口声声说以小事变通而就大业。他们只是厚脸皮罢了，其实内心深处也是很羞愧的。唉，人怎能不忍耐呢！

解读

人如果不能胜任某些职位，就应该请辞，否则自己也很痛苦。还有些职位，即使能胜任，但与起码的道德相违背，也是要请辞的。

案例

任命唯能的鲍叔牙

人占据着高位，就必须有能与此位置相适应的能力，高尚的人总是在自己胜任的情况下才会真正地接受职位，否则他们宁可将这个职位让给更合适的人。齐桓公能够称霸江湖是因为管仲的辅佐，而管仲是鲍叔牙推荐的，这就是历史上有名的“管鲍之交”。

管仲还是青年的时候就已经和鲍叔牙相识了，两人合伙做生意，可是每次鲍叔牙都出得多入得少，管仲则是出得少入得多，还经常把利润拿去还自己以前欠下的债。鲍叔牙的手下都看不下去了给鲍叔牙抱怨，反而被鲍叔牙给数落了一顿。

后来两个人又一起去当兵，在一次齐国和别的国家的战争中，管仲总是冲锋陷阵在后，撤退回营在前，这样的表现让当时领兵的小头领很生气，想要杀死管仲以杀鸡儆猴，又是鲍叔牙站出来为管仲辩护。管仲激动地留下了眼泪，说生自己的是父母，而只有鲍叔牙才最了解自己。

而后管仲和鲍叔牙分别被公子纠和公子小白看中，分别做了两个公子的军师。齐襄公因为怀疑这两个弟弟要篡位就准备杀死他们，两人分别护送着自己的主子逃往他国。过了两年，齐襄公因为过于暴虐被士兵杀死，无知公子即位没几个月又被杀掉，于是流亡在外的两个公子又都带着自己的手下回来争夺王位。管仲作为公子纠的手下帮助公子纠射了小白一箭，小白以假死之计骗过对方率先回了齐国当上了国君，是为齐桓公。而他当国君后第一件事就是要清除公子纠及其手下，又是鲍叔牙帮助小白完成了这个心愿。

小白要封鲍叔牙为相国，鲍叔牙拒绝了，他说：“之前我之所以能做这么多的事情是因为我对君王您的忠心，而今将相国之职交给我，我就不敢接受了。因为这么重要的职务不是依靠忠心就能做好的，应该找一个能够经世治国的奇才才可以。”于是，他就劝齐桓公饶恕管仲当年的一箭之仇，并且任命他为相国。

开始齐桓公还是怒气不散，不想任用管仲，鲍叔牙又说：“管仲为自己的主子射杀你，说明他忠心。更何况，管仲的才华远远在我之上，是一个可以帮助你成就霸业的人才啊！”齐桓公听了鲍叔牙的话任用了管仲。果然如鲍叔牙所说，管仲没有几年就帮助小白成就了霸业。

鲍叔牙是一个真正高尚的人，他懂得自己的能力，也懂得管仲的能力，所以都给两个人找到了合适的位置。我们在生活中也应该如此，要能胜任其职，要能在自己的职位上做自己应该做的事。

原文

仕进之路，如阶有级，攀援躐等，何必躁急。远大之器，退然养恬，诏或辞，再命犹待三。趋热者，以不能忍寒；媚灶者，以不能忍馁；逾墙者，以不能忍淫；穿窬者，以不能忍贪。爵乃天爵，禄乃天禄，可久则久，可速则速。辇载金帛，奔走形势。食玉炊桂，因鬼见帝。虚梦南柯，于事何济！噫，可不忍欤！（《劝忍百箴》）

译文

官场的道路，好比上台阶一样，须得一步步地升迁，要相互承接，而不能跨越，老是想一步登天，这样怎么行呢！能够成大器的人，是因远离尘世，保持自然的个性；好比李令伯，晋武帝下诏让他做洗马，他却加以推辞；又如伊尹，本在山村，汤多次请他才出来做官。投温暖者，是因为怕寒冷；巴结讨好者，是因食欲的煎熬；跳墙幽会者，是经受不了情欲；爬墙当小偷的人，是因为忍受不了贪欲。人的爵禄，都是上天安排的，能够干好就继续做下去，当离开时，就不能贪恋，只得迅速离开。想当初苏秦，载着金宝，为抗秦奔走。当他去楚国时，食玉炊桂，因鬼见帝，一切是何等的不顺。可见苦头吃得倒不少，到头来是虚梦一场，一无所有。唉，人对于显贵的追求怎能不忍耐呢！

解读

为官之路，要用政绩说话，不能只是想一步登天。有了一步登天的想法，就会勾起很多心中的恶念，因此做出许多错事来，到头来终是一无所有。

案例

政绩斐然诸葛亮

为官之人要有良好的品质，不能只想着只求显贵。官员在自己的位置上要有所作为，不能一步登天，只有这样才会受人尊敬，流芳百世。三国时期蜀国丞相诸葛亮一生“鞠躬尽瘁”，在自己的位置上做出了一番事业，去世之后得到了“忠武”的谥号，这代表了我国传统文化的忠义和智慧。

诸葛亮隐居在隆中的时候经常自比为管仲，很多人听了都不以为然，以为他说大话，但是当时的很多名士都知道诸葛亮的本事。后来刘备经过徐庶的引荐到隆中去请卧龙出山，整整三次，诸葛亮才给刘备分析了当前的天下局势，认为依刘备当时的实力，不可能战胜曹操，但是可以以孙权为援，在占有荆州、益州的前提下“三分天下”。刘备大为开心，从此以后任命诸葛亮为自己的军师。

公元 208 年，曹操率领十万大军南下，刘备和孙权的联军在赤壁运用了诸葛亮提出的火烧赤壁的计策大破曹军，从而奠定了三国鼎立的局面。

蜀国建立以后，诸葛亮被任命为丞相。可是刘备称帝没有多久就病重死去了，去世前将幼子刘禅托付给了诸葛亮。诸葛亮身在宰相之职，谋划宰相之事，其在职期间无论政治经济还是军事出征无一不顺，真可谓是用自己的行为印证了自己显贵位置。

诸葛亮从来不滥用职权，他办事都是开诚布公的，只要是维护国家利益的人，哪怕对方和自己有嫌隙，他也会赏赐对方，而那些不为国效忠的人，就算是自己的亲戚也得认罪服法。正是因为其廉洁公正，胸怀坦诚，全国上下没有一个人不敬仰他的，没有一个人不打内心尊敬他的。在经济上，诸葛亮在汉中实行军屯耕战，发展了国家的粮食生产，使得百姓生活无忧的同时又为国家增加了一定的国库收入。诸葛亮兴修水利，他修建的山河堰至今还在使用，并且比现今其他的水利工程灌溉面积都要大。

诸葛亮文治武功，在军事方面他南征北伐，向南七擒孟获，向北六次用兵，为了蜀国真是“死而后已”了。诸葛亮为官至此，怎么能说他的政绩不斐然呢？著名学者钱穆先生盛赞诸葛亮：“有一诸葛，已可使三国照耀后世，一如两汉。”

原文

特立独行，士之大节，虽无文王，犹兴豪杰。不挠不屈，不仰不俯，壁立万仞，中流砥柱。炙手权门，君恐炭于朝而冰于昏；借援公侯，吾恐喜则亲而怒则仇。傅燮不从赵延殷勤之喻，韩棱不随窦宪万岁之呼。袁淑不附于刘湛，僧虔不屈于细夫。王昕不就移床之役，李绘不供麋角之需。穷通有时，得失有命。依人则邪，守道则正。修已而天不与者命，守道而人不知者性。宁为松柏，勿为女萝，女萝失所托而萎恭，松柏傲霜雪而嵯峨。噫，可不忍欤！（《*劝忍百箴*》）

译文

追求人格独立，是有识之士在大节上的表现。这些人虽然不处在太平盛世，但仍然是豪杰。追求不屈不挠的理想和不卑不亢的态度，是士人的特性，这正如巨石屹立，高大雄伟。仰仗权势而显赫的人，早晨还具有炙手可热的势力，但到晚上失势时就冷如冰霜；借公侯而上位，当公侯们高高兴兴时就会亲密无间，在发怒时，就会变成仇敌了。东汉傅燮拒绝赵延的向权贵献殷勤的劝告；韩棱劝止了称窦宪为万岁的行为。南宋王僧虔拒绝了向阮佃夫献媚，袁淑也不依附于表兄刘湛。王昕也不随别人一道替王悦移位；李绘不答应崔谋讨要麋角的需求。不得志和地位显达取决于机遇和天时，得与失都有一定的规律。依附别人则易走上邪路，坚守道德的约束则会使自己变得正直。自己在学问和品行上不断修炼，如果上天不垂顾，那就是命中注定的；坚守道德法则的约束而没人理解，这是为了实现自己的本性。做人宁可像松柏那样，切不能像藤萝一样，藤萝失去了所依附的他物就不能自立，而松柏却能傲视霜雪，笔直耸立。唉，人追求独立的人格怎能没有坚忍的毅力呢！

解读

人应该追求自我的独立人格，不能以取悦权贵之人而摧眉折腰，这就要求个人要自立、自强，不畏生活中的困苦，坚强不息。

案例

汪洋恣肆的李白

一个人活在世上应当有着独立人格，不能人云亦云，否则屈原怎么会有“众人皆醉我独醒”的呐喊之声呢？历史上很多人都和屈原一样，在异常艰难的条件下毅然坚持自己的本性，唐代大诗人李白就是个中翘楚。

李白出生在碎叶城，也就是现在吉尔吉斯斯坦境内的托克马克城，他六岁的时候随着父亲回到四川境内，从小就通读四书五经，18岁的时候写的赋的水平就已经和司马相如差不多了。他家附近的紫云山是当时有名的道家圣地，还曾于大匡山师从赵蕤学习经世治国的纵横之术，而当时的任侠风气也在一定程度上影响了他。可以说李白的青少年时期是在漫游、道教、任侠、纵横之中度过的，这样的人生经历使得李白拥有了豪迈侠义的性格和汪洋恣肆的文风。

经过多年的隐居和干谒，李白的美名终于被唐玄宗知道，唐玄宗宣召李白入宫觐见。初入长安，李白就结识了一代狂生贺知章。贺知章见到李白，惊为天人，以为自己见到了神仙，所以称之为“谪仙”。

李白进宫以后本以为自己的政治抱负能够实现，但是当时的唐玄宗已经不再励精图治了，他更需要一个著名人物为自己写应制诗，彰显大唐国威，李白恰巧充当了这个角色。李白的政治抱负得不到施展，怅然若失，就和一群好友借酒消愁，后来杜甫在其作品《饮中八仙歌》中写道：“李白斗酒诗百篇，长安市上酒家眠。天子呼来不上船，自称臣是酒中仙。”也正是这样的洒脱，使得“贵妃调羹”“力士脱靴”的传说流传至今。虽然李白对皇上还是很恭敬的，但是他不改“江湖气息”，对其他的皇亲贵族、大臣显贵全都采取平交之态，所以得罪了不少人。后来他遭人诬陷，于是自己请命归山，皇上以其“非廊庙器”而赐金还山。

李白拥有着无与伦比的爱国热情，所以到他60岁的时候，得知安禄山等反贼余孽势力抬头的时候，还上书李光弼希望能够参军讨贼，可是当自己的抱负和独立的人格发生矛盾的时候，他毅然选择了后者，还在《梦游天姥吟留别》中写下“安能摧眉折腰事权贵，使我不得开心颜”的豪情。所以有识之士怎么能够不在大节上保持自己的人格呢？

嗜好卷

第四

原文

桀之亡，以妹喜；幽之灭，以褒姒。晋之乱，以骊姬；吴之祸，以西施。汉成溺，以飞燕，披香有“祸水“之讥。唐祚中绝于昭仪，天宝召寇于贵妃。陈侯宣淫于夏氏之室，宋督目逆于孔父之妻，败国亡家之事，常与女色以相随。伐性斤斧，皓齿蛾眉；毒药猛兽，越女齐姬。枚生此言，可为世师。噫，可不忍欤！（《劝忍百箴》）

译文

夏桀的灭亡是由于宠爱妹喜；周幽王的灭亡是由于宠褒姒。春秋时晋国五世大乱，是由于骊姬蛊惑挑拨导致；吴国的祸患是由于听信收纳了西施的缘故。汉朝成帝整日沉醉溺爱赵飞燕，当时有个披香殿学士淖方成讥笑汉成帝说这是“祸水”。唐朝盛世的国运中断于高宗宠爱的武则天手里，唐玄宗天宝年间的安史之乱，是由于他对杨贵妃的宠爱招引而来的祸患。陈灵公因公开和大臣的妻子夏姬私通而被杀，宋太宰华父督在路上遇到孔父嘉的妻子，一直用目光盯着她，后来也被人杀死，国家的灭亡与家道的衰落大多是因为有女色相随。皓齿蛾眉的养女，是砍伐性命的斧子；越女在前侍候，齐女在后奉迎，这好似饮食毒药，与猛兽为伴。枚乘的这些话语，真可以作为世人的导师。唉，人难道不能忍受自己的色欲吗？

解读

色字头上一把刀，如果被色所迷，轻则伤身，重则亡国，历史上这样的教训太多了，所以还是要节欲养身，投身正道。

案例

君子立身，不迷于色

君子立身于世，当不为色所迷，古语说“色字头上一把刀”，如果被色所迷，轻则伤身，重则亡国，历史上这样的教训不胜枚举。唐玄宗天宝年间的安史之乱，就是由于他对杨贵妃的过度宠爱而招来的祸患。

相传杨玉环有倾城倾国之美，天生丽质，又精通音律，擅歌舞，并善弹琵琶。有一次，唐玄宗在华清池洗浴，在走廊上，发现了一个女子。这女子隔着帘子，斜倚在花窗上。背着身子，云髻半偏，动人心魄。这个令唐玄宗神魂颠倒的女人就是杨玉环。 他本是唐玄宗儿子寿王的妃子，随寿王到华清池避暑。但是唐玄宗自从见到杨玉环之后，整日不思茶饭，沉溺于杨玉环的美色之中，之后，更是在高力士的帮助之下，想方设法将杨玉环接到宫中，将其占为己有，封为贵妃。

唐玄宗得到杨玉环后，更是对其宠爱有加，杨玉环每次乘马，都由高力士亲自执鞭，她的织绣工就有七百人，杨玉环喜爱岭南荔枝，就有人千方百计急运新鲜荔枝到长安，从此每日“春宵苦短日高起，从此君王不早朝”，沉溺于声色享乐之中，荒废朝政，引发了“安史之乱”，导致了强盛的大唐王朝走上了下坡路。

唐玄宗沉溺于声色享乐，丢失了自己江山，而在北宋历史上也有一位著名的大臣立身以德，不迷于声色，受到了大家的尊敬，他就是冯京。

冯京在小时候就聪颖非凡，才华出众，“自幼卓异，隽迈不群，稍长入学，举目成诵，万言立就”。长大后，他在鄂州应举，连中三元，也就是乡试、会试、殿试都是第一，又加上他一表人才，被国戚张尧佐看中。

张尧佐是张贵妃的伯父，张贵妃自幼丧父，张尧佐就成了实际上的国丈，张尧佐想硬招冯京为婿，同时在朝廷上扩大他的势力。他便让人把冯京请到家，对冯京说，他有一个侄女嫁给了皇上，自己还有一个女儿，如花似玉，正待字闺中，想许配给冯京，还说：此乃皇上之意。然而冯京却不愿依附权贵，更不为色所迷，于是坚决地回绝了这门亲事。此事一经传开，冯京被世人誉为志操高洁、不惧权贵的君子。

君子立身，当不为色所迷，色欲如果把握得好，则是正常的欲求，但过度沉溺，轻则伤身，重则亡国。所以我们要做到节欲养身，心怀正道，这才是君子的做法。

原文

禹恶旨酒，仪狄见疏。周诰刚制，群饮必诛。窟室夜饮，杀郑大夫。勿夸鲸吸，甘为酒徒。布烂覆瓿，箴规凛然；糟肉堪久，狂夫之言。司马受阳谷之爱，适以为害；灌夫骂田蚡之坐，自贻其祸。噫，可不忍欤！（《劝忍百箴》）

译文

禹不喜欢美酒，所以连仪狄这个能酿美酒的人也被他疏远了。周成王告诫康叔，叫他对酒严加管制，如果有人集众饮酒，就要全部处斩。郑国的伯有因为嗜好饮酒就挖了一个地窖，晚上在里面饮酒，由此被人杀死而误了大事。人啊，不要自甘为酒徒，自夸有鲸鱼吞水的酒量。盖酒坛的布时间一长就糜烂了，用这话来告诫喜好喝酒的孔群，这是严肃的规劝告诫；肉用酒糟腌制了才能保存得更长久，说这话的真可以说是一个精神失常的人了。春秋时司马子反因口渴要喝水，却喝了谷阳献给他的酒而大醉，延误军情，身首异处；西汉的灌夫因为喝醉了，当着丞相田蚡的面大骂座上客而种下了祸根，以致最终被杀。唉，不能不忍耐酒的诱惑吗？

解读

酒首先是伤身，特别是经常喝醉之人，再者，酒喝多了就会误事，许多坏事都是因为喝多了酒而造成的，所以古人一再规劝人们少喝酒。

案例

自古饮酒乃误事

古代有很多名人好饮留名的典故，文有李太白的“但愿长醉不用醒”，柳三变的“今宵酒醒何处？”，武有关云长温酒斩华雄，武二郎醉打蒋门神。但饮酒其实并非是一件好事，首先醉酒伤身，传说李白的死就和长时间嗜酒有关系。饮酒伤身不说，在醉酒后，大脑受到酒精的麻痹，往往会做出不受理智控制的事情，这就是酒能误事。

楚共王与晋厉公在鄢陵交战，初战，楚军被晋军所败，在战斗中，楚共王受了伤。楚共王想要继续战斗而谋划军事，便派人去叫子反，子反刚刚饮酒大醉，于是借口心口痛而推辞不去。共王乘车看望子反，一到帐篷里就闻到酒的气味，看到了酩酊大醉的子反，转身便往回走，说：“子反是我手下的军事将领，他现在醉成这个样子，这是忘掉了楚国的大好河山啊。”于是楚共王收兵回国，回国后就杀了子反陈尸示众。子反醉酒误事遭身死，这就是历史上有名的醉酒误事的例子，而这样的例子在文学小说中也屡见不鲜。

在《三国演义》中，刘备跟着曹操讨伐袁术，出发去往南阳前，把徐州交给张飞把守。但是就在刘备走后没多长时间，张飞就忘记了刘备嘱咐少饮酒的劝诫，于是宴请部下，在宴席上众人轮流把盏，张飞更是喝得大醉，当时张飞的手下有一将名为曹豹，不善饮酒，醉酒后的张飞还把拒绝饮酒的曹豹抽了五十大鞭。曹豹怀恨在心，与吕布里应外合攻下徐州，张飞只能在慌乱中落荒而逃。

后来关羽败走麦城被杀后，他的结义兄弟张飞自是悲痛欲绝，饮酒就成了他的家常便饭，不分日夜地以酒浇愁，醉后就不辨是非鞭打部下，于是被部下怀恨在心，最终被手下大将张达、范强所杀。一世英雄就这样死于醉梦中。

由此可见，饮酒也是一把双刃剑，在使用这把剑的时候重要的是能把握好一个度，小饮怡情，豪饮伤身。酗酒，不仅会误事，更有可能会造成无法挽回的后果，到时候后悔也已经晚矣。

原文

恶声不听，清矣伯夷；郑声之放，圣矣仲尼。文侯不好古乐，而好郑卫；明皇不好奏琴，乃取羯鼓以解秽。虽二君之皆然，终贻笑于后世。霓裳羽衣之舞，玉树后庭之曲，匪乐实悲，匪笑实哭。身享富贵，无所用心；买妓教歌，日费万金；妖曲未终，死期已临。噫，可不忍欤！（《劝忍百箴》）

译文

古代清高的贤士伯夷不愿意听世俗的音乐，孔子也说过要禁绝郑国的音乐。魏文侯不喜欢古代先哲的雅乐，而喜欢郑国和卫国的音乐；唐明皇不喜欢弹奏高雅的琵琶，却取来用公羊皮做的鼓敲打作乐。这两位君主都是因为喜欢世俗认为的淫邪粗俗的音乐，以至于被后世的人耻笑。霓裳羽衣和玉树后庭这样的舞曲，实在不是音乐而是悲歌，不是让人欢笑而是让人哭泣啊！晋代的石崇自身享尽了荣华富贵，他担任荆州刺史后不尽忠职守；反而买来良家女子教他们唱歌跳舞，每月花费数万金钱；妩媚的曲子还没有结束，他的死期却到了。唉，人难道不应该忍受声色的诱惑吗？

解读

古代常礼乐并称，虽然音乐是个喜好问题，随人的自由而定，但是听久了那些淫邪粗俗的音乐，自身就会随之而变，从而影响自身的性格和性情。

案例

喜好恶音陈后主

中华大地上流传着深远的“礼乐文化”，这种礼乐文化在中华文明史上，创造了人类的辉煌。自古以来礼乐并称，人们把美好的音乐和高贵的礼节放在一起，也象征着两种美好事物的完美相融，但是俗世之中并不仅仅存在着美好的音乐，除此之外，还会有很多的“恶声”，人们长时间沉溺于这种“恶声”之中，久而久之，人也会沾染上不正的风气。

《玉树后庭花》的作者是南朝最后一位皇帝陈后主陈叔宝。陈叔宝酷爱艳曲，史书记载他有一位妃子，名叫张丽华，头发有七尺长，光可照人，深受陈叔宝喜爱。于是他每日只在宫中与嫔妃近臣游宴，相传他在后庭摆宴时，一定叫上一些舞文弄墨的近臣，与张贵妃及宫女调情。然后让文臣作词，选其中特别艳丽的句子配曲，一组组分配给宫女，一轮轮地演唱。这其中就有一首陈后主亲手所作的《玉树后庭花》，它用来形容嫔妃们娇娆媚丽，能与鲜花比较美妍。

自此，陈后主沉迷于声色之中，生活奢侈，挑选宫女，建筑高阁，注重个人享乐，极尽奢华之风，不问政事，整日与近臣娇妃一同欣赏着自己喜欢的淫词艳曲，饮酒赋诗，征歌逐色，直至通宵达旦。

然而，好景不长，陈叔宝的好日子恰似这曲中的玉树后庭花一样短暂，在他沉溺于声色之中的时候，北朝的隋文帝杨坚正大举任贤纳谏，减轻赋税，整顿军务，消除奢靡之风。随时准备南下，而南朝陈后主依然生活奢侈，荒淫无度，臣民也都沉迷于游逸玩乐，这给了隋朝以可乘之机。

隋文帝开皇九年（589年）三月，隋兵攻进建康（今南京），陈后主被俘，之后病死于洛阳。后来人们就把《玉树后庭花》称为“亡国之音”。于是也就有了杜牧的《泊秦淮》：烟笼寒水月笼沙，夜泊秦淮近酒家。商女不知亡国恨，隔江犹唱《后庭花》。

孔子认为一个国家兴衰的标志在于礼乐，陈后主为声色所迷，喜好“恶音”，久而久之，就影响了自己的性情，也影响了一个国家的风气，最终落得亡国身死的悲惨结局，所以，美好的音乐可以带给我们力量，而粗鄙的音乐只能供我们消遣，甚至连入耳的价值都没有。

原文

饮食，人之大欲，未得饮食之正者，以饥渴之害于口腹。人能无以口腹之害为心害，则可以立身而远辱。黿羹染指，子公祸速；羊羹不遍，华元败衄。觅炙不与，乞食目痴，刘毅未贵，罗友不羁。舍尔灵龟，观我朵颐。饮食之人，则人贱之。噫，可不忍欤！（《劝忍百箴》）

译文

饮食是人最大的欲望，人如果没有得到饮食的正道，便会因为饥饿口渴弄坏胃口。人如果能够不因为饥渴的损害而导致心性上的损害，那么就可以立身而远辱了。用手指蘸点甲鱼汤，子公不久就造成祸害；羊肉汤没有全部分到，华元因此遭到惨败。刘毅贫穷的时候，向人要一点烤肉，人家不给；罗友受困的时候，向人要点饭充饥竟然被视为傻子。舍弃自己如同灵龟一般的智慧，观望他人手中的食物，是极为不雅的。太过重视饮食的人，人们就会认为他很下贱。唉，人对饮食难道不能忍耐一下吗？

解读

现在人们很少因为吃喝发愁了，但正因为这样，才有了很多肥胖的人，肥胖的害处大家都知道，要想不受害，节制食欲是其中最重要的一点。当然也不能因为想瘦就少吃或不吃，这样也是不健康的。

案例

忍一时口腹之欲

中国的饮食文化也可算得上是源远流长。民以食为天，在很久之前，中国的先民就意识到了吃的重要性，所以也可以说饮食其实是人最大的一种欲望，因为人每天都离不开饮食，但是我们应该树立一种正常的饮食观，避免因为一时的口腹之欲而做出不好的事情，造成不可估量的后果。

说到饮食就不得不提历代帝王的宫廷珍馐，说到历代帝王的宫廷珍馐那就不得不提到有名的“满汉全席”，历朝历代的宫廷美食虽然已极其奢华，但和清朝帝宫美食相比，却只能算是小巫见大巫，几千来的饮食文化到了清朝的时候达到了一个巅峰。

清朝的御膳，吸收历代之经验，汇集全国之精华，美乎极乎。尤其是有名的“满汉全席”。满汉全席是满汉两族风味肴馔兼备的盛大筵席，是清代皇室贵族才能举办的宴席，民间少见。规模盛大高贵，程式复杂，满汉食珍，南北风味兼有，光菜肴就多达三百多种，材料更是聚天下之精华，用材不分东西南北，飞禽走兽，山珍海味，都可以摆上宴席，成为人的口中之物。满汉全席分为六种：蒙古亲潘宴、廷臣宴、万寿宴、千叟宴、九白宴、节令宴。不同的宴席皇帝会邀请不同的人来参加。

中国封建王朝最后的执政者——慈禧，最大的爱好就是美食，且胃口很大，生活奢侈，爱搞排场，她的每顿正膳，所用菜肴要摆三张拼起来的膳桌，菜肴常在百种以上。所以大多数的菜她只尝过一口，就被撤下去了。慈禧吃西瓜的时候极其讲究，只吃瓜瓤中心的一点，一天吃西瓜就要用去350个。也正是因为她在饮食上如此的奢侈，浪费了大量的钱财，才导致最后国家灭亡，自己也落得个仓皇出逃的下场。

现在的人们更是为了自己一时的口腹之欲，捕捉各种动物，把它们变为食材。像非典的病毒原本是野生动物身上附有的病毒，属于正常病毒的范围，主要是狸一类的动物，而人本身并不具有对该病毒的抗体，比如广东人爱吃的果子狸。结果人类在食用了果子狸后感染，引发了“非典”，不光如此，还有人在饮食中面临的各种各样的饮食安全问题，已经可以危害生命安全。

现在随着生活水平的提高，人们不再为吃喝而发愁，但正是这样，我们更要节制食欲，避免因为贪图一时的口腹之欲而把自己置于险境，也避免自己在没有节制下越来越胖，到时候再费尽心思减肥可就麻烦了。

原文

淫乱之事，易播恶声。能忍难忍，谥之曰贞。路同女宿，至明不乱；邻女夜奔，执烛待旦。宫女出赐，如在帝右。面阁十宵，拱立至晓。下惠之介，鲁男之洁。日磾彦回，臣子大节。百世之下，尚鉴风烈。噫，可不忍欤！（《劝忍百箴》）

译文

做淫乱的事情，最容易传播坏的名声。能忍受最难以忍受的美色的诱惑，人们就将这样的人称为有贞节的人。柳下惠晚上同一女子睡在一起，直至天亮也没有越轨的行为；邻居家的女人夜晚有事而跑过来投宿，鲁国颜叔子却手拿蜡烛保持着光亮直到大明。汉武帝时官至车骑将军的金日磾，在皇帝身边目不敢斜视将近几十年，皇帝赐给他宫女，他也不敢接近而如同在皇帝身边一样。南朝刘宋时褚渊字彦回，在当时山阴公主的西阁上住了十天，面对山阴公主的逼迫，他只是恭敬地站着，从傍晚到天明，始终不为所动。柳下惠的忠直可嘉，鲁国男子让邻妇夜间入屋避雨至天明不乱，也称得上洁身自好。金日磾和褚彦回二人的行为，可以说是做臣子应有的节操。就是百年之后，人们还会以他们的做法为榜样。唉，面对淫诱人怎能不忍呢！

解读

百恶淫为首，虽然食色是人的本性，但是一定要有操守，不能失去做人的原则，在这方面关系到人的脸面的问题，如果淫声远播，那就很难做人了。

案例

坐怀不乱和声色犬马

君子色而不淫，淫而恶心生。说的是一个有修养的男子看到美丽的容貌会喜悦，但并不是为了满足自己的个人私欲，如果是为个人的私欲那么就会生出不守规距的念头。色，在这里指的是美好的事物，君子好色，是因为心中有美，独善其身，正是对于美的保护。

“坐怀不乱”这个成语说的就是柳下惠的故事，相传柳下惠年轻的时候有一次出去游玩，由于路途遥远，回来的时候已经很晚了，当时城门已经关了，柳下惠没办法，只能在马车上住上一晚。待第二天早上城门开了再进城，这时他遇见了一位美丽的少女同样回来晚了进不了城，那时候正值冬天，天很冷，如果在野外睡上一晚就有可能被冻死，于是这位少女来柳下惠车里请求避风。柳下惠见她冻得受不了，就让他坐在自己的怀里，用自己的体温来温暖她，并且脱下自己的衣服来为她挡风。而柳下惠就这样一直坐到天亮，第二天天亮，柳下惠将少女送回家，自己才回到家。

这样的故事在以儒学为正统思想的中国古代屡见不鲜，坐怀不乱柳下惠，闭门不纳鲁男子，这些都被后世传为佳话。然而也有一些人在面对选择的时候，失去了自己的操守。

商朝最后一个皇帝纣王在征伐有苏部落时，俘获到美艳的妲己为妃，商纣王非常宠爱她，为她建造了酒池肉林，离宫别馆，整日和妲己泡在酒池肉林里面，饮酒歌舞作乐，又修建大型的宫闱，将各种珍奇异宝、奇兽俊鸟置于其中，供妲己玩乐鉴赏，随着时间的推移，商纣王对于妲己的宠爱之甚更是到了极致，为了博取妲己一笑，特别设置了炮烙之刑，将人置于烧红的铁柱之上，把观看别人的痛苦当作自己的玩乐方式，更是使人赤身裸体相互追逐，博妲己一乐。戎马一生的商纣王帝辛，在妲己的美色面前，在这个小女人的导引下，寄情于声色之中，最终亡国身死。

万恶淫为首，淫而恶心生。君子在面对美色的诱惑的时候，一定要有自控力，要有自己的操守，不能失去自己的原则。爱美之心人皆有之，但是一定要把握好一个度的问题，否则美也会导致祸事。

原文

楚好细腰，宫人饿死。吴好剑客，民多疮痏。好酒好财好琴好笛好马好鹅好锻好屐，凡此众好，各有一失。人惟好学，于已有益。有失不戒，有益不劝，玩物丧志，人之通患。噫，可不忍欤！（《劝忍百箴》）

译文

楚王喜欢细腰的女人，宫中宫女很多因此饿死。吴王喜欢剑客，老百姓的身上便多了许多伤痕。人喜欢喝酒，喜欢财宝，喜欢弹琴，喜欢吹奏笛子，喜欢马，喜欢鹅，喜欢打铁，喜欢木头鞋子，大凡这么多的爱好，每一样都给他们造成了损失。人只有喜欢学习，才能对自己有好处。明知嗜好会带来损失，却不下决心戒除它，明明看到有益处的东西，却不去努力学习它，沉溺于不良的嗜好中，最终丧失了自己的志向，这是人们的通病啊。唉，面对喜好的诱惑，人难道不应该学会忍吗！

解读

每个人都有自己的喜好，这有好的一方面，也有坏的一方面。要注意的是，千万不可对自己的喜好达到入迷的程度，以致失去自我、迷失自我，要有所节制，使其处于自己可控的范围内。

案例

楚灵王和王冕的不同爱好

每个人都有自己的爱好，但是爱好也有好坏之分，一种好的爱好可以让你养成一种好的习惯，而相反，一种不良的嗜好则会让人丧失自己的方向，让人慢慢变得颓废，最终迷失自我。

从前，楚灵王喜欢纤细的腰身，正是他这样，朝中的文官武将纷纷唯恐自己腰肥体胖，得不到楚王的恩宠，于是楚国的士大夫们为了细腰，大家每天都只吃一顿饭，因此，饿得头昏眼花，站都站不起来。坐在席子上的人要站起来，都非要扶着墙壁不可，大家都想吃美味的食物，但人们为了纤细的腰身，都忍住不吃，大臣们就这样度过了一年，身体状况急剧下降，而此时邻国的国君听说了楚国的大臣们都束腰减肥，于是开始策划进攻楚国，战争开始后，因为楚国的文武百官身体状况为了迎合楚灵王的喜好，已经大不如从前，所以节节败退，差点遭到灭国之祸。

这就是上有所好，下必甚焉，楚灵王的这一爱好也差点让自己成为亡国之君。

相反，元朝时期有个著名画家叫王冕，王冕小时候家里很穷，没钱去学堂，只能每天去山上放牛，有一天王冕去山上放牛的时候，无意中看见了雨后池塘里的娇嫩的荷花，雨后荷花娇艳的样子吸引了王冕，同时激发了王冕想要画画的强烈愿望，为实现这一愿望，王冕把平时节省下来的钱买了画笔和颜料，又找来纸，照着湖里的荷花画，即使画得不好也不灰心，天天去画，最后终于成为一位有名的画家。

这两个故事告诉我们，每个人都有自己的喜好，但是爱好也分为好的方面和坏的方面，我们不要沉溺于一些不良的嗜好当中，从而迷失了自己的方向。要去寻找一些让我们积极向上的爱好，并且坚持去做，那么你一定会成为一个优秀的人。

原文

立身百行，以学为基。古之学者，一忍自持。凿壁偷光，聚萤作囊，忍贫读书，车胤匡衡。耕助画佣，牛衣夜织，忍苦向学，倪宽刘寔。以锥刺股者，苏秦之忍痛；系狱受经者，黄霸之忍辱。宁越忍劳于十五年之昼夜，仲淹忍饥于一盆之粟粥。及乎学成于身，而达乎天子之庭。鸣玉曳祖，为公为卿。为前圣继绝学，为斯世开太平。功名垂于竹帛，姓字著于丹青。噫，可不忍欤！（《劝忍百箴》）

译文

人不论将来从事何种职业，都必须以好学为基础。古代的学者，一心严格要求自己，从不放纵。晋国车胤用袋子收集萤火虫，以此光亮来读书；西汉匡衡曾经把邻居的墙壁凿穿，以借光读书，他们都是忍受着贫穷而好学。西汉倪宽为了挣钱读书，曾给别人煮饭干活，利用休息时间读书；晋朝刘寔为了挣钱读书而卖牛衣，一边放牛一边读书。他们都勤奋好学，终成大器。用锥子来刺自己的大腿，这是战国苏秦好学之举；身居监狱之中，忍受着耻辱却不忘向夏侯胜学习《尚书》，这是西汉黄霸的行为啊。宁越在十五年的日日夜夜里忍受劳苦，勤奋好学，终成周威王的老师；范仲淹在求学的日子里忍受饥饿，一天就只吃四块凝结了的玉米粥，终于中了进士。等到他们学问成就了，就会成为朝廷大官员，身佩玉带，绶带飘飞，做公卿一类的大官，发扬光大先贤先圣的学问，为今世的兴隆昌盛贡献才智。他们的功名被记载于竹帛之上；他们的姓名也被镌刻在史册之中，流芳千古。唉，人好学怎能不忍受艰苦呢！

解读

学习是件苦差事，虽然现在提倡素质教育，但是学习还是很苦的，但是只有学习才能让我们进步，所以要学会忍耐学习中的苦，这样才能增长才干。

案例

匡衡凿壁借光

一个人生下来就需要学习，学习也是一个人生活在这个世界上的一项重要技能，我们在学习中进步，也在学习中成为一个优秀的人，更重要的是，学习是没有捷径的，不要想着一步登天，学习，需要我们踏实一步一步地去对待。

西汉时候，有个农民的孩子，叫匡衡。他小时候很想读书，可是因为家里穷，没钱上学。后来，他跟一个亲戚学认字，才能够自己看书。 因为家里穷，买不起书，只好借书来读

那个时候，书是非常贵重的，有书的人不肯轻易借给别人。匡衡就在农忙的时节，给有钱的人家打短工，不要工钱，只求人家借书给他看。 就这样过了几年，匡衡长大了，成了家里的主要劳动力。他必须一天到晚在地里干活，才能养家，只有中午歇晌的时候，才有工夫看一点书，所以一卷书常常要十天半月才能够读完。匡衡很着急，因为白天还要种庄稼，根本没有时间看书，于是他就开始多利用一些晚上的时间来看书。可是匡衡家里很穷，连点灯的油都买不起，这可愁坏了匡衡。有一天晚上，匡衡躺在床上背白天读过的书。背着背着，突然看到东边的墙壁上透过来一线亮光。他霍地站起来，走到墙壁边一看，原来从壁缝里透过来的是邻居的灯光。于是，匡衡想了一个办法：他拿了一把小刀，把墙缝挖大了一些。这样，透过来的光亮也大了，他就凑着透进来的灯光，读起书来，匡衡就是这样刻苦地学习，后来成了一个很有学问的人。

人不论从事什么样的职业，都离不开学习。只有学习，我们才能不断地提高，虽然说有时候学习是一件苦差事，那是因为学习需要自己独立地去坚持，只有我们先经历过学习中的苦，才能品尝到之后的甜。

原文

凡能恶人，必为仁者。恶出于私，人将仇我。孟子恶我，乃真药石。不以为怨，而以为德。南夷之窜，李平廖立；陨星讣闻，二子涕泣。爱其人者，爱及屋上乌；憎其人者，憎其储胥。鹰化为鸠，犹憎其眼。疾之已甚，害几不免。仲弓之吊张让，林宗之慰左原，致恶人之感德，能灭祸于他年。噫，可不忍欤！（《劝忍百箴》）

译文

只有仁者才能喜欢人又能讨厌人。但如果由于私心而讨厌别人，那么别人就会以我为仇了。孟孙既讨厌臧孙又喜爱臧孙，孟孙死后，臧孙很伤心，别人很奇怪，臧孙就说："孟孙爱我，是病；孟孙讨厌我，是治病的药啊。"不认为是怨，而认为是德。李平和廖立被诸葛亮流放到南方好多年，但听到诸葛亮死了，两个人都觉得非常伤心，以至痛哭流涕。爱上某一个人，还会连带爱上那个人的乌鸦；憎恨那个人，就会连他住的房子也一块憎恨。老鹰变成了斑鸠，认识它的人，还是憎恨它的眼睛。憎恨它超过了限度，就会生祸害。东汉陈仲弓对张让父亲去世的吊丧慰问，郭林宗对左原因犯法被开除的安慰，这都能致使恶人感恩戴德，总有一天能消灭祸害的。唉，面对所恶人怎能不忍呢！

解读

我们总是对有的人特别厌恶，认为他们没有一点可取之处，久而久之，这种厌恶就会让自己产生错误的判断，所以对厌恶之人不要一味地否定。

案例

善恶之间不专断

人在心里要有分明的是非观，能分清什么是对的，什么是错的。但是并不要对人一味地否定，把一个人在内心判定成一个恶人，这个世界上没有一无是处的人，如果一味地在内心否定，就会让自己做出错误的判断，影响自己的内心。

诸葛亮被后世人称为一代名相，早年间鞠躬尽瘁，为辅佐皇叔刘备而出山建功立业，晚年接受刘备白帝城托孤，辅佐刘禅呕心沥血，死而后已。这一生可谓是勤勉不怠，诸葛亮作为一个决策者，在做事时就必须干净果断，也因此可能会影响到很多人的利益。

蜀国大将中护尉李平，是和诸葛亮一样同为刘备托孤的老臣，在第四次北伐时，两人一同率军出发，诸葛亮深知粮草物资的重要性，于是委托李平以供应粮草物资的重任。兵家语，兵马未动，粮草先行。这句话足可以说明在战争中物资的重要之处。然而后来因为天气原因，突降大雨，运送粮草的军队为大雨所困，根本不能前行，粮草一时接济不上，此时身为监运粮草总负责人的李平没有办法，只好谎报军情，派人告诉诸葛亮说皇上命令诸葛亮撤兵，等到诸葛亮的大军从前线上撤回的时候，李平见到诸葛亮，又倒打一耙，质问他为什么要撤兵。诸葛亮觉得事情有问题，于是派人去彻查此事，结果发现竟然是李平在暗中捣鬼，于是将事情的真相报告给后主，并将李平撤职并流放。

当诸葛亮病逝五丈原的消息传到已经是庶民的李平的耳中时，李平伤心得发病而死。和李平有着相同经历的还有曾因骄奢无度，被诸葛亮废为庶民的校尉廖立，当时他被流放于汉山，听到诸葛亮去世的噩耗，大为哀痛。

李平在被流放后，并没有对诸葛亮怀有一颗厌恶之心，更加没有憎恨，还经常对朋友说，相信有一天诸葛亮一定会原谅他而重新重用他。廖立也是如此，并没有出于自己的私心而讨厌诸葛亮。反而在心中还是很尊敬他。

所以这两个故事告诉我们不要对有的人怀有一颗厌恶的心，可能你对有些人做事看不惯，但是这时候一定要有一个正确的是非观，千万不要抱有偏见，否则就会影响自己的判断，要知道其实每个人都有可取之处。

恶行卷

第五

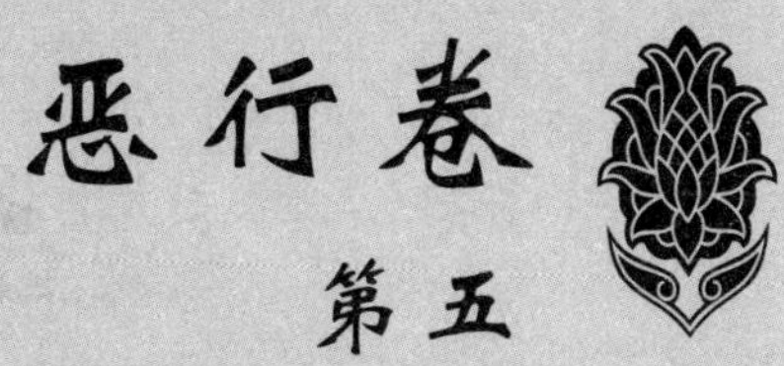

原文

富侮贫，贵侮贱，强侮弱，恶侮善，壮侮老，勇侮懦，邪侮正，众侮寡，世之常情，人之通患。汤事葛，文王事昆夷，是谓忍侮于小。太王事匈奴，勾践事吴，是谓忍侮于大。忍侮于大者无忧，忍侮于小者不败。当屏气于侵杀，无动色于睚眦。噫，可不忍欤！（《劝忍百箴》）

译文

富贵的欺侮贫穷的，高贵的欺侮卑贱的，强大的欺侮弱小的，凶恶的欺侮善良的，青年人欺侮老年人，勇武的欺侮懦弱的，邪恶的欺侮正直的，人多的欺侮人少的。这是人世间的常情，做人的通病。商汤侍奉葛伯，周文王侍奉昆夷，这是忍受来自小的方面的欺侮。周文王的祖父侍奉匈奴，越王勾践侍奉吴王，这就是忍受来自于大的方面的欺侮。忍受来自大的方面欺侮的人没有忧患，忍受来自小的方面欺侮的人不会失败。对于别人的欺侮应当忍受，别人对你怒目而视时，也应当不予理睬。唉，人怎能不忍耐呢！

解读

当别人欺侮你时，你处于弱势时只能忍耐，这样就不会有大的祸患。当然欺侮别人的人，也要想想自己会不会也受别人的欺侮，因为你的富贵、高贵等不是一成不变的。

案例

韩信能忍胯下之辱

人生并非是一帆风顺的，当我们身处高位时不应嘲弄他人，而身处弱势，面对别人的嘲弄应当忍受，只有这样才能忍得一时之气，成就未来。汉初著名的军事家韩信难道不是这样的一个人吗？

韩信出生于淮阴，是一个平民老百姓，偏偏性格豪迈，不拘礼仪，他少年的时候家里很穷，母亲去世了连办丧事的钱都没有。他常常四处蹭吃蹭喝，当时有一个亭长觉得韩信日后定能有一番作为，所以总是忍受韩信到自己家中吃闲饭。可是，这个亭长的妻子很讨厌韩信，就在一天早晨故意特别早做完了饭没有下炕头就吃完了。等到了开饭的时间，韩信又去人家讨饭吃，却发现亭长家里早已吃过饭了，韩信什么也没有说，只是以后就没有再去过。

韩信还经常去城边钓鱼，在河边有漂洗丝棉的老大娘，她看到韩信可怜，就把自己带的饭给韩信吃，韩信又这样蹭了几十天的饭，韩信信誓旦旦日后定将重重报答老大娘。

当时淮阴城中有一个屠夫，他看到韩信这么不争气就侮辱韩信道："你看你长得高高大大的，还整天舞刀弄剑的，可是你是一个胆小鬼。你要不怕死就拿你的佩剑来砍我呀，你要怕死就从我裤裆底下钻过去吧！"韩信看了那个人半天，居然趴在地上真的从对方的胯下钻了过去。当时看见的人们都嘲笑他，认为他胆小如鼠。

可是，当时嘲笑韩信的人们都不会想到，后来韩信得到萧何的推荐跟随了刘邦，并且被拜为大将军。韩信指挥汉军一路征战，兵败彭城，东进又背水一战灭了当时的赵，一路凯歌高奏，定妙计灭了齐，平定了四国之后最终击败了项羽，从而成为了显赫一时的战神。

当韩信被封王之后，韩信回到老家召见了亭长，赏赐给了他一百钱，说他是一个做好事做一半的人，所以算是一个小人；召见了当年给他饭吃的老大娘，赏给了她千金，感激老大娘当年的赠饭之恩；然后又召见了当年侮辱他的屠户，非但没有杀对方还封其为中尉，因为他认为这个人是一个壮士，而当年若不是有了这样的羞辱，是没有办法刺激他完成今天的成就的。

韩信身在高位没有随意侮辱杀伤别人，落魄之时也可忍得一时之辱，想来古者做大事者正是有这样的气魄吧！

原文

谤生于仇，亦生于忌。求孔子于武叔之咳唾，则孔子非圣人；问孟轲于臧仓之齿颊，则孟子非仁义。黄金，王吉之衣囊；明珠，马援之薏苡。以盗嫂污无兄之人，以笞舅诬娶孤女之士。彼何人斯，面人心狗。荆棘满怀，毒蛇出口。投畀豹虎，豹虎不受。人祸天刑，彼将自取。我无愧怍，何慊之有。噫，可不忍欤！（《劝忍百箴》）

译文

诽谤产生于仇敌之人，也产生于妒忌之人。叔孙武叔诽谤孔子，如果孔子过于责备他们，那孔子就称不上圣人了；臧仓在鲁平公跟前说孟子的坏话，如果孟子太过追究，那么孟子也就不是仁义之人了。王吉的衣服袋子在别人看来，简直就是取之不尽的摇钱树；马援从远方带来的薏苡，别人看来也成了价值昂贵的夜明珠了。西汉直不疑本来连兄长都没有，却有人诬陷他与嫂子私通；东汉第五伦三次娶妻，妻子都是孤女，却有人诬陷他殴打岳父。这是怎样的一种人啊，表面上道貌岸然，内心却连猪狗都不如。内心阴险促狭，动不动就恶意中伤别人。把这样的人扔到豺狼虎豹那里，豺狼虎豹都不愿吃他们。这类人作恶多端，上天一定会惩罚他们，最终只能是咎由自取。我对上无愧于天，对下无愧于人，怎么会感到遗憾呢。唉，对于诽谤怎能不加以忍耐呢！

解读

人总会有与自己不对付的人，于是诽谤就会产生，对于诽谤要善于忍耐，清者自清也。再者，对于自己讨厌的人，首先不要加以诽谤，要从自己做起。

案例

直不疑无兄盗嫂

20世纪80年代我国引进的第一部墨西哥电视连续剧就叫作《诽谤》，其中为我们讲述了一个落难富家女面临各种诽谤的时候坚强地生活，最后赢得了属于自己幸福的故事。的确这样，当仇敌的嫉妒之心变成诽谤的时候，也许我们无能为力，但是清者自清，忍耐也许就是最好的出路。

汉朝时候有一个著名的美男子，叫作直不疑，他为人正直，长相俊美，可是却在生活中屡次遭到诽谤。

汉文帝的时候，他担任郎官，当时一个宿舍内住了三名这样的官员。有一次一个人请假回家，走的时候因为匆忙就错拿了第三个人的黄金。第三个人回到宿舍找不到自己的黄金，而另外一个人已经请假回家了，所以他就认为是直不疑偷了自己的黄金。直不疑面对这样的猜忌并没有分辩，反而自己用银子兑换了相等重量的黄金交给第三个人。当请假的官员回来后向室友说明自己着急错拿黄金的事情以后，那个丢钱的人才知道自己冤枉了直不疑，觉得很不好意思赶紧去给直不疑道歉。直不疑没有任何怨言，还在宽慰曾经冤枉自己的人。

这种高尚的品格使得大家都很尊敬他，所以直不疑的官越做越大，后来升做了太中大夫，也是后来的谏议大夫同属掌管议论的官员，这就引得更多人眼红了，所以在上朝的时候，居然有位官员不分青红皂白就说："直不疑长得很俊美，可是他偏偏做一些苟且之事，他居然和自己的嫂子勾搭在一起。"直不疑听后坦然地回答了一句"我没有哥哥"，就没再说别的话。

是啊，一个人没有哥哥，哪里来的嫂子呢？那个大臣为了诽谤居然无中生有，真是让人觉得可笑又可叹，后来这个故事就成了"无兄盗嫂"的典故了。曹操在其文中写到："昔直不疑无兄，世人谓之盗嫂……此皆以白为黑，欺天罔上者也。"这正是控诉这无端的诽谤啊！

诽谤总是在我们的身边出现，是急于辩解还是处之泰然，我想直不疑的故事总会带给读者一份答案。

原文

好誉人者谀，好人誉者愚。夸燕石为瑾瑜，诧鱼目为骊珠。尊桀为尧，誉跖为柳。爱憎夺其志，是非乱其口。世有伯乐，能品题于良马；岂伊庸人，能定驽骥之价。古之君子，闻过则喜。好面誉人，必好背毁。噫，可不忍欤！（*《劝忍百箴》*）

译文

过分地赞美别人的人，必定是阿谀奉承之辈，没有自知之明，一味喜欢听别人夸奖的人，真是愚蠢之辈。得到一块燕石便以为是宝贵的美玉，看到鱼目便以为是骊珠。尊夏桀为尧那样的明君，称赞盗跖为柳下惠那样的贤人。这真是爱憎改变人的志向，嘴上混淆是非啊。世上只有伯乐那样的人才能评品判别良马，那些普通人哪里能够判定出劣马和千里马的价钱呢。古代的那些君子，听到别人指出自己的过失就感到高兴。而那些喜欢当面奉承别人的人，也一定喜欢在背后诋毁别人。唉，赞美别人怎能没有忍耐之心呢！

解读

现在有个词叫“捧杀”，要知道人都是喜欢赞美之词的，赞美多了，这个人就会变，自以为了不起，这是害了他。再者被赞美的人也要识时务，认清真正的自己是什么样。

案例

赵括纸上谈兵

有些人有了一些成就就沾沾自喜，以为取得了无与伦比的成就，如果再有人表扬他一两句，他就更加飘飘然了。欧阳修笔下的“方仲永”不就是因为在众人称赞“神童”的情况下得意扬扬吗？这样的只想听到别人赞美之词的人简直是愚蠢之极，而历史上偏偏就有在一些人别有用心的赞扬中犯了大错的人。

战国末年，秦国的势力日渐强盛，颇有吞并六国之势。公元前260年，秦军派白起为大将进攻赵国，赵孝成王派老将廉颇带兵，廉颇熟悉兵法在长平一地坚守不出，任凭秦军如何挑衅，廉颇都不搭理对方，秦国退兵不是，进兵不成。

秦国的丞相范雎想了一个很好的计策，他们派了间谍到赵国秘密散布谣言说：“虽然廉颇不应战，但是秦军一点都不怕他，早已经想到了大败他的妙计，现在就怕赵国换了马服君赵奢将军的儿子赵括担任其主帅，要那样的话秦军就麻烦了。”赵孝成王一下子就中了对方的反间计，撤掉廉颇将军换上年轻的赵括做主将。

赵国的丞相蔺相如说：“赵括徒有虚名，只会死读父亲赵奢留下的兵法，一点儿实战经验也没有，更不懂得灵活应变，他是远不如廉颇的。”赵括的父亲在世的时候也曾经因为赵括对待战争的儿戏态度预言过，如若赵括带兵，必定大败。这次赵孝成王要任用赵括，赵括的母亲就上书君王说：“赵奢在世之时，面对战争是凝重的态度，所有将士同心同德，而赵括担任将军后，士兵不敢抬头看他，他不但不体恤下属，还只管自己拿赏赐的钱买田置地。”可是，赵孝成王铁了心让赵括带兵上战场。

事实证明，读了再多的兵书也没有用，赵括只会纸上谈兵，根本不懂得变通，经过此次的长平之战，赵国损失了军队四十五万，幸得楚国、魏国两国的救援，赵国才勉强没有灭国。

赵括明明没有真才实学，却在秦国反间计的实施中起了一个关键的作用。如果他自己有一定的自知之明，在别人称赞的时候能够认清自己，怎么会搭上赵国几十万将士的性命呢？如果他不是在秦国人的别有用心的赞扬中迷失了自我，怎么会不知道自己到底有几斤几两呢？

所以说每当我们得到别人称赞的时候，都要暗地里想一想自己是否能够衬得起那样的赞美之词啊！

原文

上交不谄，知几其神。巧言令色，见谓不仁。孙弘曲学，长孺百折，萧诚软美，九龄谢绝。郭霸尝元忠之便液，之问奉五郎之溺器。朝夕挽公主车之履温，都堂拂宰相须之丁渭。节之简册，千古有愧，噫，可不忍欤！（*《劝忍百箴》*）

译文

和比自己地位高的人相交往，不阿谀奉承，能抓住事物的关键，就称得上神明。巧妙伪善的言辞，漂亮的外表，实际上却是内心虚空，沦丧了仁德。西汉公孙弘因学些不是正道的东西，遭到辕固严厉的劝告，于是公孙弘对辕固十分敬畏。西汉时汲黯为人性情倨傲，甚至在汉武帝发怒的情况下，他仍然据理力争，决不阿谀奉承。唐代张九龄和萧诚友善，但因萧诚好谄媚，经李泌劝说后，即疏远了萧诚。郭弘霸因喜阿谀奉承，竟用手指蘸来当时御史中丞魏元忠的尿液放在口中尝；宋之问为了谄媚，甚至于张易之大小便时，也给他端着便器。赵履温为了奉承谄媚安乐公主，竟用衣服将自己的身体与公主的车子连接起来；丁渭为了谄媚，而为当时是他上司的寇准抹去胡子上的汤。以上几个人的谄媚，都非常清楚地记录在史书上，真是千古有愧啊。唉，人怎能不引以为戒而忍耐呢！

解读

谄媚之人是让人瞧不起的，即使当下能得到好处，长久之后也终会露出破绽。人还是要在真才实学中用功，不要走什么捷径。

案例

齐桓公之死

历史上有很多人通过向君王谄媚的手段取得高官厚禄，可是这样做总也不会长久，迟早有一天会露出破绽，你看那滥竽充数的南郭先生不是很快就露馅了吗？还有一些人做得更加高明一些，甚至把持过朝政，但是历史总会证明给我们看的。

齐桓公可谓是春秋时期的明君了，可是他晚年的时候身边出现了几个奸佞之臣。有一个叫作刁竖，他自己净身进宫伺候齐桓公，齐桓公很高兴，对管仲说："这个刁竖为了侍奉我，连受之父母的身体都不爱惜，可见他是真的对我好啊！"管仲对答："连自己的父母都不爱怎么会真正地对您好呢！"

还有一个叫作易牙的厨子，听说自己没有尝过人肉的滋味就想办法讨好齐桓公，他认为国君高贵，一不能吃囚徒之肉，二不能食平民之肉，就狠心将自己刚满四岁的儿子杀死烹调了给国君品尝。齐桓公问管仲："这个易牙是真正对我好吧？"管仲说："连自己的孩子都不爱惜，怎么能真正地对您好呢？"

当时卫国无定国，从卫国来了一个叫作开方的人，这个开方十五年都没有回自己的家乡，追随在齐桓公身边，即使自己的父母去世也不回家奔丧。齐桓公又问管仲开方的为人，管仲说："热爱自己的家乡，热爱自己的父母是人之常情，开方违背了人间的常情，怎么可能会真正地对你好呢？"

管仲死后，齐桓公忘记了管仲生前的话，他在三人的阿谀奉承之下格外器重他们。而事实上正如管仲预料的那样，这三个人根本不是真正地尊重和热爱齐桓公的，他们居然联合起来把齐桓公软禁在一个大房子里，每天派人送饭给国君。他们修筑高墙，不允许别人与国君相见，他们把持了朝政。

到了冬天，这几个人都忘记给齐桓公送饭了，齐桓公活活地饿死在宫内，直到六十七天以后才被人发现。而这三个奸佞之臣臭名远扬，史书中书写了他们的事情，历来为人们所不齿。

由是观之，当一个人丧失了自己的德行，不在乎名誉、身体、父母、妻子，而逞谄媚阿谀之能的时候，想来这个人离失败也不是很远了。

原文

乐然后笑，人乃不厌。笑不可测，腹中有剑。虽一笑之至微，能招祸而遗患。齐妃嗤跛而郤克师兴，赵妾笑躄而平原客散。蔡谟结怨于王导，以犊车之轻诋；子仪屏去左右，防鬼貌之卢杞。人世碌碌，准无可鄙。冯道兔园策，师德田舍子。噫，可不忍欤！（《劝忍百箴》）

译文

快乐然后发笑，别人就不会讨厌。唐代的卢杞见人就面带笑容，可是谁也不知道他在笑什么。他做起事来心狠手辣，好像心里藏了一把利剑一样可怕。虽然笑一下没什么大不了的，但却能够招来灾祸而留下后患。齐国的妃子嘲笑郤克跛脚，而招来晋国的兵伐。平原君之妾大笑邻居的一个跛子而导致平原君门下的宾客渐渐散去。蔡谟与王导结下深怨的原因是蔡谟说国家给王导准备的是牛车啊；唐代郭子仪支走身边的妻子和丫鬟，是因为怕女人见了卢杞发笑，以免种下祸根啊。人的一生如果平庸无能，一定是个碌碌无为的庸人；刘岳因笑说冯道的《兔园册》而被贬，师德作为宰相却能忍受别人称他为庄稼汉。唉，忍与不忍差别这么大啊，人怎能不忍呢！

解读

不要随便讥笑别人的缺点，因为这样就会结怨，早晚会惹祸上身。再者面对别人的讥笑，也要以平常心对待，不要心怀怨恨，非害别人不可。

案例

引火上身的曹共公

人生在世，难免会看到别人栽倒在地，难免会遇见别人伤心哭泣，也许你恰巧遇到别人低潮的时候，那么请你不要嘲笑他，不要讥讽他，因为你的无情之举不但伤害了对方，更有可能在对方心中种下仇恨的种子，最后引火上身。

春秋时期，周王朝的势力越来越弱，继从齐桓公称霸以后，楚成王、秦穆公和晋文公进入了争霸的胶着阶段，后来晋文公从中胜出，成为了春秋时代的第二位霸主。晋文公当年在秦穆公的帮助下当上了晋国的国君，三年后就出兵攻打曹国，这是为什么呢？我们可以说是曹共公引火上身。

晋文公重耳流亡之时来到曹国，曹国国君看其落魄就不打算接待他，大夫僖负羁说重耳有跟舜帝一样的双瞳孔，听说肋骨还连成了一片，与常人不同，应该好好招待他才好，曹共公听说重耳长得这样奇异很想亲眼看一下。

重耳来到曹国以后，接待人员只给了他粗茶淡饭，还准备了洗澡水，重耳没有吃饭先去洗澡了。正在洗浴的时候，浴室的大门忽然打开，几个穿着便服的人就走了进来，围着重耳转了几圈，一边看还一边指手画脚地评判重耳的肋骨，一边说还一边嘻嘻哈哈的。重耳后来问了曹国驿馆的人才知道，带头的居然是曹共公。

大夫僖负羁让曹共公赔礼道歉和厚待对方，意见没有被采纳，所以回到家中很郁闷。他的妻子给他出主意说："重耳天生异象，今后必定能成大器，现在他在这里受辱，今后一定会报仇的。"僖负羁就派人送去好酒好菜招待重耳一行，还送给重耳黄金碧玉，重耳接受了对方的饭菜，送回了值钱的财宝。后来，重耳灭曹之时，僖负羁也因此受到了晋军的保护。

曹共公随意讥笑他人送了自己的命，僖负羁帮助落魄之人最后得到了好的结果，这给予了我们很大的启示。在现今社会，我们不应该随意讥笑嘲讽那些有缺点的人，否则等对方瞅准时机反戈一击的时候，你想后悔也已经晚了。

原文

君子以公义胜私欲，故多爱；小人以私心蔽公道，故多害。多爱，则人之有技若己有之；多害，则人之有技娼疾以恶之。士人入朝而见嫉，女子入宫而见妒。汉宫兴人彘之悲，唐殿有人猫之惧。萧绎忌才而药刘遴，隋士忌能而刺颖达。僧虔以拙笑之字而获免，道衡以燕泥之诗而被杀。噫，可不忍欤！（《劝忍百箴》）

译文

君子能够用公理战胜私欲，所以能以博爱之心待人；小人却用私心来遮掩天理，所以老想着害人。多仁爱之心，那么别人有才能就好像自己有才能一样；心中老想着害人，那么别人有才能就会嫉妒，并厌恶别人。士人不管是贤能还是不贤能，入朝便会遭到嫉妒；女人不管是美还是不美，入宫便会受到妒忌。因此汉宫中发生了把人变成“人猪”这样悲惨的事；唐代李义甫，别人说他笑里藏刀，柔能害人，人们称他为李猫，人猫。梁萧绎妒忌孔颖达的才学而派刺客暗杀他。南朝刘宋王僧虔不敢显露自己写字的真迹，而得平安无事。隋代薛道衡因文才出众写下了“空梁落燕泥”这样的诗句，而招隋炀帝所忌，终被绞死。唉，人怎能不忍耐自己的妒忌之心呢！

解读

妒忌之心或许每个人都有，如果任其发展，就会伤害别人，同时也会伤害自己。木秀于林，风必摧之，做人有时还是要藏拙呀，时刻保持谦虚谨慎的态度，这样才会减少别人的妒忌。

案例

买凶杀人的吴道子

唐朝的时候佛教盛行，也就出现了一批以佛教为题材的绘画名家，吴道子、阎立本甚至王维都是个中好手。

吴道子幼年丧父，家道贫寒，少年曾学过狂草，后来又改学绘画，成年以后画工日益精进，他打破了东晋时期顾恺之“游丝线描法”的画法，创造了“兰叶描”，画出来人物的衣服好像迎风飘动似的，所以被人们称为“吴带当风”。

吴道子擅长画佛教题材，传说裴旻在给母亲守孝期间曾经邀请吴道子在天王寺中画一壁画——《鬼神图》。当时，吴道子请裴旻舞剑[1]一曲，自己寻找灵感作画。果然，裴旻的剑术极高，观者千万，大家看后掌声雷动，而吴道子也于顷刻之间作好壁画，当时这个事件被传为一时佳话。

唐朝很多寺庙都为了能够多一些香火请有名的画师作画，赵景公寺的主持广笑禅师曾经在吴道子落魄时提携过他，所以准备了吴道子非常喜欢的美酒“十八醉”和可以挑战新的绘画层次的《地狱变》题材邀请其入寺作画。

《地狱变》是佛教壁画中最为宏大的题材，目的是警示人们生前必须向善，否则死后将在地狱中受罪。吴道子接到这个题材以后冥思苦想，迟迟不能下笔，因为他不能找到绘画的灵感。

而此时，画坛中又兴起了一个新秀，叫作皇甫轸，这个后起之秀也画了一幅《鬼神图》，这可是当年吴道子的成名之作，世人总拿这两幅同名的画作比，虽然多数人还是认为吴道子的作品更胜一筹，可是还是有人说皇甫轸作品中的神韵超越了前者。甚至有好事者说不出几年，皇甫轸就会超越吴道子成为画坛的第一高手。

吴道子此时被《地狱变》题材折磨得无法下笔，眼前又浮现出皇甫轸年

---

[1] 唐文宗曾经颁诏书封张旭的草书、李白的诗歌和裴旻的剑术为大唐三绝。

轻俊逸的面孔，不由心中紧了一下，他走出赵景公寺找到一个杀手，用二十两银子买了皇甫轸的命。而此时吴道子的内心受到了巨大的折磨，瞬间明白了《地狱变》的真谛，一夜之间完成了《地狱变》这个盛大的作品。

吴道子，一代绘画大师，为了心中的那股妒忌居然买凶杀人，想来《地狱变》的题材也让他的内心真正下了一次地狱吧！所以君子如果能用博爱之心对待世人，那么他将永远拥有一个纯净的灵魂。

原文

勿谓小而弗戒，溃堤者蚁，螫人者虿。勿谓微而不防，疽根一粟，裂肌腐肠。患尝消于所慎，祸每生于所忽。与其赞赏于焦头烂额，孰若受谏于徙薪曲突，噫，可不忍欤！（《劝忍百箴》）

译文

不要以为是小事而不警戒；使大堤崩溃的却是蚁虫一类的小孔啊，蜇人的也往往是不被人重视的蜂啊。不要以为事情微小就不去预防它，疽初发时不过一粒米那样大小，但如果不趁早防治，就会导致破皮烂肠，甚至断送性命。人谨慎的时候，祸患就会消失，但是祸患的萌生往往又在于疏忽大意。与其赞赏那些因扑火而被烧得焦头烂额的人，倒不如听从别人的劝谏把柴草迁移，把烟囱弄成拐弯的。唉，人怎能没有忍耐之心呢！

解读

疏忽大意有时不被人看成是什么缺点，但是如果总是不改正就会酿成大祸。只有时刻谨慎，防微杜渐，才不会有大祸发生。

案例

一颗钉子导致失去了一个国家

在英国流传着这样一首歌谣：“少了一枚马掌钉，掉了一只马掌。掉了一只马掌，失去了一匹战马。失去了一匹战马，打败了一场战争。打败了一场战争，毁掉了一个王国。”这个歌谣讲的是一个真实的故事。

1484年，英国当时的国王是查理三世，而亨利伯爵派兵和他争夺国王的归属权。战前双方军队都厉兵秣马，查理三世的马夫到铁匠铺为其战马钉马掌，可是因为最近来钉马掌的人太多了，所以铁片用得差不多了，铁匠就希望能够宽限几天再帮国王钉马掌。可是马夫认为大战一触即发，这种事不能拖延，所以铁匠只能把平时的一根铁条平分成四分加工成钉子，结果钉完了三只马掌以后发现钉子还是不够，就给国王的马夫说去买钉子。马夫说：“你难道听不到战争的号角已经吹响吗？快点儿吧！”无可奈何之下，铁匠只好将就着给国王的战马钉上了马掌。

但是，我们都应该知道，这样粗制滥造出来的马掌肯定是不结实的，它能够经受得起战争的考验吗？果然如铁匠所想，在战争中，本来查理三世的军队已经掌握了整个战争的主动权，眼看着就要胜利了，可是就在此时国王的战马第四只蹄子上的马掌因为钉得不牢固而脱落了，马失前蹄将国王摔倒在了地上。

国王摔倒了，战马受惊冲了出去，整个部队的士兵因为看到国王倒地不知所措，一下乱了阵脚，本来胜券在握的国王军队一下子溃不成军，而查理三世也因此成了亨利伯爵的俘虏，他也因此痛失了国家。后来莎士比亚都写到：“马马马，一马失天下。”

由此可见，从一颗微不足道的小钉子你很难想到最后失去国家这么重大的事件，看来这就是疏忽大意酿成的大祸啊！所以我们应该小心谨慎地对待任何事情，只有这样才能做到防患于未然。

原文

驰马碎宝，醉烧金帛，裴不谴吏，羊不罪客。司马行酒，曳遐坠地。推床脱帻，谢不瞋系。诉事呼如周，宗周不以讳。是何触触生，姓名俱改避？盖小之事大多忤，贵之视贱多怒。古之君子，盛德弘度，人有不及，可以情恕。噫，可不忍欤！（《劝忍百箴》）

译文

皇帝赐的好马和珍贵的鞍子被手下人损坏了，平乱得到的珍宝也被手下军士撞坏了，裴行俭都没有因此而惩罚他们。羊侃七十多艘船的不计其数的金银财物都被酒醉失火的客人张孺才毁了，羊侃却派人加以安慰而不怪罪。司马劝酒，递给裴遐的酒没有喝，司马顺手拖了裴遐一下，结果把裴遐拖倒在地。裴遐却没有生气，而是爬起来继续下围棋。谢万和蔡系因争一个座位，蔡系把谢万从位子上推了下来，连帽子都弄掉了，二人也没有因此而结下仇怨。北魏宗如周对别人直呼他的大名，也不以为然。而杨延朗的名字叫石，他就把要入朝的石昂将石改为右，以避其名讳。小人物侍奉大人物往往多有违犯和抵触，高贵的人对待卑贱的人往往多有生气的表现。古代的君子，德行高尚，为人宽宏大量，即使别人有不对的地方，他也会体谅别人而加以宽恕。唉，人怎能不忍耐呢！

解读

对于忤逆自己的人该怎么办呢？是加以报复，还是宽宏大量呢？只要不是陷害自己，纯属无意为之，就要采取宽恕的态度，这样才能交到朋友。

案例

子产论尹何为邑

我们看到一些人格高尚之人，他们面对与自己看法不同的意见的时候，总能够虚心听取，在关键时刻不但不打击报复那些和自己意见向左的人，还会根据时代环境的需要推荐他们出仕为官，这是多么高尚的品格啊。

春秋时期郑国的上卿子皮想要自己的手下尹何担任封地的主官，子产说："尹何那么年轻能行吗？"子皮回答道："这个人忠厚老实，办事又很谨慎，我很喜欢他，让他管理我的封地，一定不会背叛我。我派他到那里学习一下，一定会懂得如何治理一个地方。"

没想到，子产依旧持反对意见，他说："如果你真正喜爱一个人，一定是想让他得到好处，而现在你让他管理政事，这就像找一个不会拿刀的人去砍肉似的，肯定是肉割不下来反而拿刀子伤害了自己啊！您用这种方法爱别人，以后谁还会敢让你喜欢呢？假如说您有一匹价格不菲的绸缎，您是不会让一个还不会裁剪的人来用这块布练手的，何况像治理封邑这么大的事情呢？如果您非要让一个不会治理的人在封邑中练习治理政治的能力，那么一定会带来危害啊！"

子产虽然反对子皮的意见，但是子皮并没有因此打击报复，他让子产畅所欲言，得知了对方反对自己的原因后甚至更加虚心，子皮说道："您说得太对了！看来我这个人很笨啊！我之前听人说，小人总是记挂着眼前的蝇头小利，而君子却能够高瞻远瞩。我看到穿在自己身上的衣服知道珍惜，却以为封邑治理这样的大事离我很远从而忽略了它。要不是听到您的这些话，我根本不懂这样的道理啊！"

子皮有容人之量，所以才能够认真听取与自己不同的意见，同时子皮更有宽广的胸怀，他认为子产有着真才实学，所以将郑国的政事委托给了子产。而后，子产接替了子皮担任了郑国的上卿。

子产虽然算不上忤逆子皮，但是敢于当着国家上卿的面对其意见没有随声附和，而是中肯地提出了自己的意见，这样的行为在我国历史上实属难得；子皮身居高位，没有因为地位低的人的反对意见而生气，而是引荐对方治理国家更是难能可贵。如果，我们面对不同意见都能认真思索，那么世上定会少很多不必要的纷争了。

原文

血气之初，寇仇之根。报冤复仇，自古有闻，不在其身，则在子孙。人生世间，慎勿构冤。小吏辱秀，中书憾潘。谁谓李陆，忠州结欢？霸陵尉死于禁夜，庾都督夺于鹅炙。一时之忿，异日之祸。张敞之杀絮舜徒，以五日京兆之忿；安国之释田甲，不念死灰可溺之恨。莫惨乎深文以致辟，莫难乎以德而报怨。君子长者，宽大乐易，恩仇两忘，人已一致。无林甫夜徒之疑，有廉蔺交欢之喜。噫，可不忍欤！（*《劝忍百箴》*）

译文

血气方刚的时候，要防止结下仇恨的根子。自古以来报仇报冤的事是常听说的，不在本人身上就会在他子孙身上得到报应。人活在世间，千万要谨慎，不要构筑冤仇。潘岳因多次侮辱打骂孙秀，后来就被孙秀报复，他和他的族人都被一起诛杀了。三国时吴国中书郎吕壹利用职权陷害丞相顾雍，最后事发被杀。李吉甫被陆贽怀疑与李沁结党营私被派到忠州任长史，后来陆贽被贬，宰相就派李吉甫去查，李吉甫却放下个人恩怨，和陆贽结为了莫逆之交。西汉李广被贬为平民后，被霸陵亭守欺侮，后来李广复出时就调霸陵亭守从军，而杀了他。刘毅请求喝点庾悦的鹅汤，结果受到辱骂，后来刘毅的官做大了，就把庾悦外调，还不准带随从，庾悦因此而气死。以上的例子，都是由于他们一时的怒而导致的祸患。西汉张敞杀了絮舜，是由于絮舜说他才当了五天的京兆头尹；韩安国曾经入狱，受到狱卒田甲的羞辱，但韩安国出狱复职后却原谅了他，并不计较他曾说过用小便来浇灭复燃死灰这句话的宽大胸怀。天下最惨的事，没有什么会超过无端地罗织罪名而置人于死地的情况，天下最难的事，不会超过以德报怨不计前嫌这种情况。君子和长者，心怀博大，个人的恩仇不会记在心里。唐代李林甫每天晚上戒备森严，几次转移睡觉之地，总担心有人刺杀他。战国时的廉颇和蔺相如摒弃前嫌，重归于好，两人都很高兴。唉，人怎能随便与人结下仇怨而没有忍耐之心呢！

解读

世间总是有很多的仇恨，由此引起的仇恨往往一代代传下去，很难解开。所以在面对仇恨时，要多想想子孙后代，是否把事做绝，不留一点余地。

案例

冤家宜解不宜结

人们常说“冤家宜解不宜结”，就是说双方的仇恨不要一代代地传下去，还是解开来的好，只有这样我们才能够建构和谐的人生。明朝末年的一个民间传说讲的就是这样的故事。

在一个村子里住着两个好朋友，一个叫王林，一个叫刘玉，他们商量着出去做生意，好回来娶妻生子。两人一拍即合，每人出资五十两走上了经商之路。

古代的道路和现在不一样，有很多地方是没有官道的，所以他们难免会走一些山路，由于王林幼年之时学过武功，所以走山道的时候也不怕有歹徒出现。而刘玉自幼学过算术，他算题的速度和准确度比用算盘还厉害。就这样两人一文一武，相互搭档挣了不少钱。

但是因为王林具有江湖人的豪爽之情，所以好饮酒，虽然在交际的时候立下了汗马功劳，但是也经常因为喝酒误事，两人因为这个事情吵了几次架。年关将至，两人带着挣的钱回家，准备过一个好年。

一天，两人走得都有些累了，于是靠在一个大石头上休息，王林很快就进入了梦乡。刘玉看着王林心想，要不是他总喝酒误事，今年赚的钱会更多，都怪他，要是把他杀死的话，钱不就都成了自己的囊中之物了吗？他就悄悄地把王林绑了起来，准备等对方醒后让他死个明白，刘玉忙活完了也渐渐地进入了梦乡。

刘玉迷迷糊糊中做了一个梦，一个白胡子老头对他说："你今天杀死了王林，报了前世之仇，可是又增添了今世之仇，俗话说冤家宜解不宜结，何必如此呢？"刘玉不明白老爷子的话，老爷子就说："前世你死于王林之手，那个凶器就在你屁股底下呢！"

刘玉醒来果真在自己坐的那个地方挖出了一把钢刀，他看着前世的钢刀，看着睡觉的王林，想着老者的话，最后选择了听从良心的召唤。刘玉对醒来的王林交代了自己的不良动机，王林也原谅了对方，从此以后两个人和好如初。

这个故事虽然简单，但是它的道理是深刻的，如果刘玉一时手快杀死了王林，那么不但会有世世代代的仇怨传下去，还更有自己内心的不安。若我们做事的时候，多扪心自问几次，若我们本着"冤家宜解不宜结"的准则做事，那么人生会增添更多的美好。

原文

郁陶思君，象之欺舜。校人烹鱼，子产遽信。赵高鹿马，廷龄羡余。以愚其君，只以自愚。丹书之恶，斧钺之诛。不忍丝发欺君。欺君，臣子之大罪。二子之言，千古明诲。人固可欺，其如天何！暗室屋漏，鬼神森罗。作伪心劳，成少败多。鸟雀至微，尚不可欺。机心一动，未弹而飞。人心叵测，对面九疑。欺罔逝陷，君子先知。波遁邪淫，情见乎辞。噫，可不忍欤！

（《劝忍百箴》）

译文

舜的弟弟象曾想害死舜而霸占他的财产，但当舜死里逃生后，象却欺骗舜说："哥哥，我好想念你啊！"管理池沼的人把鱼烹食了，却编出话来骗子产，子产马上就相信了那人的话。赵高欺骗秦二世和世人，把鹿说成马。裴延龄公然骗皇上，说在马粪中找到了很多财物，说这便是盈余的钱财。这些人愚弄欺骗他们的君主，其实是自欺欺人。史书上记载着他们的罪恶，他们应受到斧钺的处罚啊。宋代人胡宿曾说过："我从来不忍心在极细微的事情上欺骗君主。"宋代的鲁宗道也说过："欺骗君主是做臣子的大罪。"以上两人的话，应当作为千古明训啊。人固然是可以被欺骗的，但又怎能欺骗得了上天呢！即使是在很隐秘的房子里做的亏心事，神明也会在不知不觉间看得一清二楚。虚伪的做作会使人身心疲劳，要做的事情也是成功的少而失败的多。鸟雀这些微小的东西都难以轻易受到欺骗，只要人的心中念头一动，弹丸还没有发出，它们就已经飞走了。人的内心是难以猜度的，即使是面面相对，就像九疑山一样也难知真假。对于欺骗、愚弄、陷害等手段，作为君子往往先知先觉。对于全面的、躲躲闪闪的、过分的、不合正道的言辞，也往往会从其表情中显露出来。唉，人怎能欺骗别人而没有忍耐之心呢！

解读

撒一个谎，就得用千百个谎来圆这一个谎，与其这样还不如不撒谎，欺骗别人的结局只能是自欺欺人，所以千万不要行骗术。

案例

曾子教子

很多人从小就听过《狼来了》的故事，这个寓言告诉我们千万不能说谎话，否则不但是自欺欺人，还会招来很大的灾难。所以我们一定要有诚信，不要撒谎、行骗术，这种品质应该从很小的事中就体现出来。

春秋时期有一个人，叫作曾参，鲁国人，是孔子的学生，因为他为人谨慎，品格高尚，所以被人们尊称为"曾子"。法家著作《韩非子》中记录了这位儒家学者的一件事情，后世称为"曾子教子"。

曾子的妻子有一次去市场上，自己的儿子跟在身后哇哇大哭，曾子的妻子想让孩子回家，就对孩子说："你回家去吧！你要是回去的话，等我回家了就杀一头猪给你吃肉。"孩子听了这样的许诺就开心地回家去了。

曾子的妻子从市场上回来了，曾子就到猪圈里去抓猪，准备屠宰了来吃。曾子的妻子看见了就阻止曾子说："你还当真要杀猪啊？我不过是想让孩子回来，就随便给孩子开了一个玩笑啊！"

曾子听了以后说道："我们当父母的不能随便给小孩子开玩笑啊！孩子小的时候，只能把自己的父母作为老师，听家长的教诲，看家长的行为，他们会模仿父母的做法。如果你现在说这样的话而没有做到，那么就是撒谎欺骗孩子，孩子以后就再也不会相信自己的父母了。现在你欺骗了孩子，以后还如何教导他呢？"曾子最后还是杀了猪，煮了肉给孩子吃。

我们都讲"言传重于身教"，父母应当用自己的行为给孩子做表率，让孩子诚实有信，这才是父母应当尽到的责任，而这个责任就让我们从诚信不撒谎开始吧！

原文

不教而杀，孔谓之虐。汉唐酷吏，史书其恶。宁成乳虎，延年屠伯。终破南阳之家，不逃严母之责。恳恳用刑，不如用恩；孳孳求奸，不如礼贤。凡尔有官，师法循良。垂芳百世，召杜龚黄。噫，可不忍欤！（《劝忍百箴》）

译文

没有施行教化就杀人，孔子把这种行为称作虐。汉朝和唐朝的酷吏，史书上明明白白记载着他们的种种暴行。汉武帝时任关都尉的南阳人宁成，因其残暴而被老百姓比作猛虎，汉宣帝时任河南太守的严延年因下令集中处斩各县犯人，血流成河，被河南百姓称之为屠伯。最终宁成被查办，在南阳的家也被抄了，而严延年也招来母亲的责骂，朝廷也因其太过残暴无道而杀了他。实实在在地用刑，不如给人施以恩惠；认认真真地追查奸邪，不如尊敬礼待贤明的人。一个人如果做了大官，那就应该遵循法度，效法贤良。西汉召信臣，东汉杜诗，西汉龚遂、黄霸等人，他们都是因爱护自己的人民才流芳百世啊。唉，人不能太暴虐，千万要忍耐啊！

解读

人如果太残暴了，或许可以一时飞扬跋扈，但最终的结局都不会太好，这里举了很多的酷吏，他们都会因众怒而被杀、被免，所以为人还是要多行仁道。

案例

酷吏义纵

残暴的人经常带给他人伤害，这种伤害让别人敬而远之，但是他们最终不会得到好下场，周厉王残暴至极，老百姓道路以目，周厉王最后被放逐并且死在彘地，历史上不乏这样的暴君酷吏，汉武帝时期的义纵就是这么一个人。

义纵年轻的时候曾经以抢劫为生，后来因为自己姐姐医术高明在宫里得到武帝母亲王太后的宠信，义纵也就在朝中为官，担任了汉武帝的侍卫，后来被派到上党郡担任当地的县令。班固在《汉书》中说他担任县令的时候因为严苛，不徇私情，使得治理的境内没有盗贼的身影了。义纵担任长陵县令和长安县令的时候，还勇于和皇亲贵族做斗争，这样他就更加受到皇上的喜爱了。

当时武帝希望能够一举歼灭匈奴，派大将军卫青、霍去病出征，汉朝的大军出塞必须经过一个叫作定襄郡的地方，因为那里山高皇帝远，所以秩序混乱，盗匪猖狂，汉武帝就派义纵治理当地。义纵一去就是大手笔，他先把已经在监狱中的罪行较重的罪犯两百人都改定了死罪，然后又抓了私自探望囚犯的家属两百人，逼迫他们自认为死刑犯，将这四百人在同一天斩首，这种做法吓得全县的人们大气都不敢出，从此以后定襄郡就得到了治理，皇帝用兵就没有了后顾之忧。

当时的汉朝有不少酷吏，其中一个叫作宁成的就是其中之一，宁成后来罢官居家，住在南阳。但是当义纵被任命为南阳太守出关上任的时候，宁成都亲自迎来送往，小心地赔不是，惶恐至极。可是即使如此义纵也不为所动，他查到了宁家的劣迹，将其全部财产没收，并且给宁成本人定了罪。南阳境内的官吏、百姓都害怕义纵这样的酷吏。

义纵本人凶残成性，为了达到自己的政治目的，视人命为草芥，在任上枉杀了很多的无辜生命，但是这并不代表着他会在位置上停留很长时间。义纵在盗铸五铢钱的案子中又大肆捕杀了一批人，但是因为该案没有得到彻底解决，皇上开始对义纵有所不满。

后来，大臣杨可奉汉武帝的命令执行打压商人的政策，义纵认为这样会扰乱民心，就自作主张把杨可的手下都抓走了。杨可将义纵告到了皇帝那里，皇帝大怒，认为义纵破坏了杨可执行诏令，于是将其杀掉了。

我们可以看到，义纵虽然以残暴之行得到过武帝的喜爱，残害过无数的人命，但是这样的行为势必不能长久，所以我们行事当以仁义为先啊！

原文

贪财曰饕，贪食曰餮。舜去四凶，此居其一。缻如打五鼓，谢令推不去。如此政声，实蓄众怒。口称夷齐，心怀盗跖。产随官进，财与位积。游道闻魏人之劾，宁不有靦于面目。噫，可不忍欤！（《劝忍百箴》）

译文

贪钱财叫饕，贪食物叫餮。相传舜为人类除去危害天下的四大害，饕餮就是其中的一害。晋代邓攸，为官清廉公正，深得百姓拥护，后因病离职，临走之时一郡人都来送他，一千多老百姓拉着他的船不让他走，他只好借夜色跑了。如此的政绩，的确让老百姓感动啊。嘴上称有伯夷和叔齐那样的品德，而心里却怀着盗跖那样的心肠。家里的钱财随着官位的升官而日积月累，越积越多。北魏宋游道听了别人弹劾他的这一番话，难道不感到惭愧吗？唉，人对贪欲的诱惑怎能不忍耐呢！

解读

上面举了很多不贪的清官和好贪的贪官，其实生活中的贪有很多，不只是钱财方面的，只要是贪，总会要为其付出代价的。

案例

贪心不足蛇吞相

贪婪是天主教“七宗罪”之一，指的是多欲而不满足，其实不但对食物的过分喜爱可以叫作贪婪，对金钱的过分渴求、对权力的过分热衷都可以叫贪婪，只要你有了贪婪之心，行了贪婪之事，一定会为自己的行为付出代价。

传说古代的时候，有一个樵夫上山砍柴，看到了一条很可怜的小蛇，这条蛇冻得全身哆嗦，樵夫心地善良就将其救回了家中，当作宠物养了起来。小蛇很快就长成了大蛇，樵夫将其放归到大自然中，大蛇找了一个山洞居住。

当时大蛇居住的洞口长了一棵灵芝，灵芝越长越大，很多人都想得到它，可是因为洞口有这条吓人的蛇守护，谁也没有得到灵芝。这件事后来传到了皇上的耳朵中，皇上就张贴了一个皇榜，能够把这棵灵芝采来的人会受到重赏。农夫得知以后就到山洞口请求大蛇将灵芝送给他，大蛇感念于之前樵夫的救命之恩就答应了他的要求。樵夫把灵芝献给了皇上，皇上赏赐给他很多金银财宝。

后来皇后的眼睛瞎了，御医的方子中写到用龙蛇的眼睛进行救治，皇上派人找到樵夫许诺他只要拿来大蛇的眼睛就封他为宰相。樵夫在高官厚禄的诱惑下再次找到大蛇，大蛇又感念于樵夫的养育之恩忍痛挖下自己的一只眼睛给了樵夫。

樵夫当上了宰相，位极人臣，有着享受不完的荣华富贵，可是他居然又开始想着长生不老了，后来有人告诉他说只要吃了龙蛇的心就能够长生不老。成为宰相的农夫利欲熏心，又一次去找大蛇希望对方把心给自己。大蛇张开大口让这个“宰相”自己去挖心，等到“宰相”走近时，它一口将这个贪婪的人吞了进去。

后来人们就用这个“贪心不足蛇吞相”的故事来警示后人，不要一而再、再而三地想尽办法去追求和满足自己的贪念，否则无休止的贪念必定将自己带向万劫不复的境地。

原文

天赋于人，名位利禄，莫不有数。人受于天，服食器用，岂宜过度。乐极而悲来，祸来而福去。行酒斩美人，锦幛五十里，不闻百年之石氏；人乳为蒸豚，百婢捧食器，待诧一时之武子。史传书之，非以为美，以警后人，戒此奢侈。居则歌童舞女，出则摩轄结驷。酒池肉林，淫窟屠肆。三辰龙章之服，不雨而溜之第。厮养傅翼之虎，皂隶人立之豕，僭似王侯，薰炙天地。鬼神害盈，奴辈到财。巢覆卵破，悔何及哉！噫，可不忍欤！（《劝忍百箴》）

译文

上天赋予人类的东西，像功名利禄等，都是具有一定限度的。人从上天接受的，诸如衣服、食物、用具等，怎能不加以节制而用之过度呢。快乐到了极限，就会生出悲哀来；祸患来临了，幸福就会离你而去。王恺派美人劝酒，如客人酒喝得不干，就杀劝酒的美人；又据说石崇与王恺斗富而作锦步障五十里；用人奶和着一起蒸猪，丫鬟一百多人侍候其旁，这是徒然的夸耀富有和奢侈。史书中多有记载，人们不认为他们做得好，写下他们目的是告诫后人要力戒奢侈。居住在家时有歌童舞女相伴，过着奢侈的日子。家着五彩缤纷的衣服，住着高雅豪华的房屋。富豪之家豢养的奴才也都像虎狼一样，到处伤人，官宦人家的跟班侍从也都盛气凌人，像野猪一样耀武扬威，这些人家富甲天下，权势熏天，超过王侯国君。鬼和神专损害富豪，帮助穷困的人。奢侈过分，就会像石崇那样落个人财两空。又像东汉孔融，平时傲慢自大，等到身败家毁时，就好比倾翻的鸟巢之下，一个完好的鸟蛋都不会剩下，这时才后悔，怎么能来得及呢！人怎能不忍耐呢？

解读

人们有了钱，大多都会变得奢侈腐化，但是由此而招来祸患是人们大都所不知的。还是把钱财用到该用的地方才好，自我的享用能有多少呢？

案例

巨贾沈万三

古人常说“匹夫无罪，怀璧其罪”，金庸小说《笑傲江湖》中林家之所以惨遭灭门就是因为他们家拥有江湖中人人都觊觎的的《辟邪剑谱》。对大多数人来说，我们可能不会拥有这样的武林至宝，但是其他的东西也是一样，尤其是钱财，一旦拥有就要物尽其用，否则有可能给我们带来灾难。

沈万三是元末明初人，我国历史上有名的巨贾，他依靠经商积攒了大量的钱财，有些民间传说中说沈万三是得到了“聚宝盆”才能够成为全国首富的。他定居苏州之时，看到城中心玄妙观周围人员聚集，道路不畅，所以就自己出钱将道路给拓宽了，还采用了青石铺路的办法，与苏州城内的小桥流水的格调相得益彰。这样的做法不但方便了当时百姓通行，还保留了苏州城的整体风貌。

沈万三很重视对后代的教育，他希望自己的子女都有学识，有家教，所以请了水平很高的先生来讲学，希望自己的后代不但能够继承家业，还能够拓展家业。可以说沈万三与历史上那些为富不仁的富豪是不太一样的。

后来，朱元璋建立了明朝，建都南京，希望能够重修南京城，将其建得更有气派一些，可是因为刚刚建国，军事开支都供应不暇，根本没有多余的银两来修墙建城。这时候，沈万三就主动提出由他来兴建三分之一的南京城，不但负责了聚宝门至水西门一段，而且还负责了很多的工程。而沈万三修建的城墙比皇家负责修建的城墙还要早完工几天，这使得朱元璋面子上很过不去。

沈万三又向皇上提出来自己拿出来几百万两的黄金帮助皇上犒赏三军，朱元璋听后非常生气，说：“我皇家的军队，怎么会由得你一个沈万三来犒赏呢？这简直是乱民的行径，还是将他杀掉好了！”幸亏马皇后极力劝阻，朱元璋才没有砍沈万三的头，只是将他发配到了云南地区。

传说，沈万三被发配的时候，身边带着五个儿子共同前行，人们看着他们走过的地方都是金光闪闪的，有人给皇上说沈万三一走，江南的财气也都跟着他走了，皇上又下了一道圣旨，将沈万三的几个儿子都赐死了。

钱财本乃身外之物，但是当你拥有极多的钱财之后，不但要物尽其用，还要内敛。像沈万三这样虽然将钱财用于了支援国家建设，可是锋芒毕露的结果却使得自己被发配边疆，还害得儿子们丢掉了性命。

原文

自古害人莫甚于谗，谓伯夷溷，谓盗跖廉。贾谊吊湘，哀彼屈原，《离骚》《九歌》，千古悲酸。亦有周《雅·十月之交》：“无罪无辜，谗口嚣嚣。”大夫伤于谗而赋《巧言》，寺人伤于谗而歌《巷伯》。父听之则孝子为逆，君听之则忠臣为贼，兄弟听之则墙阋，夫妻听之则反目，主人听之则平原之门无留客。噫，可不忍欤！（《劝忍百箴》）

译文

自古以来害人没有比小人的谗言更厉害的了，谗言可以把伯夷等人说成是混沌的坏蛋，而把盗跖说成清正廉明的人。贾谊受小人谗言的陷害而被流放，他曾经过湘水，悼念屈原，用以自况。《离骚》《九歌》这些千古悲酸的作品也正是屈原诉说苦闷所作。周代《雅·十月之交》中也有“没有什么罪过而遭受诽谤”的句子，表示了对小人谗言的痛恨之情。周代的大夫被谗言所伤害而作《巧言》，周代宫人的负责人为谗言所中伤而作了《巷伯》这首诗。做父亲的如听信谗言，则孝子就会变成大逆不道的人；君王听信了谗言，那么忠臣也就会变成了奸臣；兄弟之间如果听信谗言，就会发生内讧；夫妻之间听信了谗言就会产生矛盾，反目成仇；主人如果听信了谗言，那么就会像赵国平原君的门人渐渐离去那样没有客人留下。唉，人怎能不忍耐而听信谗言呢！

解读

人与人之间的关系最怕的就是听信谗言，如果轻易相信谗言就会受害，所以一定要调查清楚后再做决断，切不可听信小人之言，做出错误决定。

案例

商纣王的下场

谗言佞语可谓是这世上最厉害的武器，它可以让父子反目，让兄弟成仇，更能让君臣异心，让国家走向倾覆，商纣王的下场就极好地诠释了听信谗言的后果。

纣王帝辛是商朝最后一位君主，他天资聪颖，小的时候就很有见识，同时力气很大，可谓是文武全才，所以他的父王和母后都很喜欢他。帝辛即位以后，非常重视农业生产，国家蒸蒸日上。与此同时，在生产力发展之余，帝辛开始四处出击，扩大边疆，他攻打了东方的一些部落，平定了南方的一些土地，使得商朝的国力强盛，疆土扩大。

可是，帝辛在位的后期，觉得自己居功至伟，是前无古人、后无来者的明君，不由得飘飘然起来。此时他重用了费仲和恶来两人，这两人都喜欢阿谀奉承，还出主意让国君选美女以入朝，这就有了后代著名的祸水红颜——苏妲己。

妲己入宫以后，帝辛逐渐地不理朝政，姜皇后屡劝纣王都没有结果。后来费仲出谋划策，帮助妲己除掉了姜皇后，从此以后这些“专攻”谗言的小人们开始得志，他们怂恿纣王耗费了巨资修建鹿台，供其游玩打猎。后来又造了酒池肉林，修建了各种豪华的宫殿，商朝之前积累的财富都耗费得差不多了。

大臣比干见到纣王暴虐荒淫进谏多次无果，但是这多次的进谏影响了妲己的势力，妲己就谎称自己得了不治之症，要想救命必须用皇叔比干的那颗七窍玲珑心，于是赤胆忠心的比干就被纣王挖了心。

纣王的另一个叔父箕子也为纣王之暴虐痛心不已，纣王就囚禁了箕子，最后箕子假装自己疯了才躲到了箕山上隐居。只要是谁忤逆了纣王和妲己，他们就施以残酷的刑罚，历史上人们闻风丧胆的炮烙之刑、虿盆都源自于此。

从此以后，没有人敢再讲忠义之言，纣王在谗言的攻势下逐渐地失去了人心。大约公元前1000多年的时候，西岐的周国终于兴起了，武王率领天下仁义之师在牧野与纣王的奴隶军队进行决战，商纣王的军队阵前倒戈，纣王最终自杀于鹿台之上。

其实，商纣王并不是一个天生暴虐的君王，只是好听的谗言总是比逆耳的忠言容易让人接受罢了，我想诸葛亮讲的“亲贤臣远小人，此先汉所以兴隆也”，想来说的就是让谗言远离君王的道理吧！

原文

心不则德义之经曰顽，口不道忠信之言曰嚣。顽嚣不友，是为凶人，其名浑敦，晋物丑类，宜投四裔，以御魑魅。唐虞之时，其民淳，为此为戒；秦汉之下，其俗浇，习此不为怪。盖凶人之性难以义制，其吠噬也，似犬而狾，其抵触也，如牛而角。待之以恕则乱，论之以理则叛，示之以弱则侮，怀之以恩则玩。当以禽兽而视之，不与之斗智角力，待其自陷于刑戮，若烟灭而爝息。我则行老子守柔之道，持颜子不辍之德。噫，可不忍欤！（《劝忍百箴》）

译文

心里如果不想效法仁德仁义的事，人们就称他顽固不化；口中如不说忠诚的话，人们就称之为愚蠢而又顽固。这类人不做仁德之事，还和坏人狼狈为奸，天下人人痛恨，人们给他起个叫浑敦的名字，应该将他投放到荒远的边境，以抵御妖魔鬼怪。因此，唐虞的那个时代，民风淳朴，书上将他们写下来作为告诫。秦汉以后的时期，世风日下，民风败坏，对此人们已习以为常了。盖凡生来就顽固不化的人是很难用仁义礼法来约束的，这好像癫狂的疯狗咬人，牛用角顶撞人一样。以宽恕的态度对待坏人就会导致祸乱；与他们讲道理则会反叛；向他们示弱，他们就会更加侮辱和欺负人；给他们恩惠，却不懂珍重。对于这些人，只有把他们当畜生一样去对待，不与他们一般见识，不与他们斗智斗力，等他们自取灭亡的时候，一切都会烟消云散，重现朗朗乾坤。我则一心按照老子所说的怀柔之术行事，还一边像颜回那样坚持不懈地加强自身修养。唉，人对于顽劣的习气怎能不加忍耐呢！

解读

对于顽固不化的人，是没有办法教化的，那就与其远离，切不可轻易与其斗智斗力，否则结果就是自取灭亡。

案例

老顽固慈禧太后

自然界中有一种很会保护自己的动物，叫作变色龙，它们最擅长的就是随着环境的不同来改变自己身体的颜色，这种伪装既能很好地隐藏自己，还能帮助他们不费吹灰之力就能捕获猎物。我们应当向这种动物学习，要能够随着时代的发展、环境的变化不断地调整自己的状态，只有这样才能够立于不败之地。

历史上有一些人墨守成规，固执地守护着自己固有的思维，经常落得个自取灭亡的后果，慈禧太后就是这样的一个人。

慈禧太后年轻的时候是咸丰帝的妃子，因为儿子载淳当上了皇帝，所以同治帝即位以后和慈安皇后并尊，被称为圣母皇太后。她实际上掌握清朝的大权四十八年，在这其中经历了我国半封建半殖民地期间的风风雨雨。

咸丰帝驾崩之前曾经选了自己的亲信八名作为赞襄政务王大臣，同时交给慈安、慈禧两人象征权势的印章，谁知道八名大臣意欲总揽皇权，慈禧太后就约同小叔子恭亲王奕䜣发动了政变，从此以后走上了对国家的真正控制之路。

在慈禧太后真正掌权的初期，她的确也有过一番作为，比方说任用汉族文官，利用汉族地主的力量镇压了国内的几次起义，同时为了维护自己固有的利益，还支持过洋务运动，当时国内的工业有了一定的发展，北洋舰队又加强了其军事力量，所以历史上有了所谓的“同治中兴”。

但是，慈禧太后经常刚愎自用，为了达到自己二次垂帘听政的目的，在儿子死后力主侄子光绪帝登上皇位。她奢侈至极，在自己六十大寿的时候，居然在财政极其紧张的情况下拨出了三千万两银子举办“万寿庆典”，也正是为了她的这次寿辰，清政府缩减了大部分的军事费用，北洋舰队得不到后期的武装，这也是中日甲午战争中北洋舰队失败的一个重要原因。

晚年的慈禧太后更加的冥顽不灵，为了确保自己的统治地位，她反对当时进步人士的“戊戌变法”，在守旧派的影响下发动了一场政变，百日维新宣告失败，中国探求自强的道路又一次被扼杀。

总的来说，慈禧太后真正执政的这些年中，虽然也曾经支持过洋务运动，但是始终还是守着前人创下的基业，采用“闭关锁国”的政治方针，扼杀新事物的出现和生长，终于将国家的自尊和文明沦陷到了外国列强的枪炮中了。

境遇卷

第六

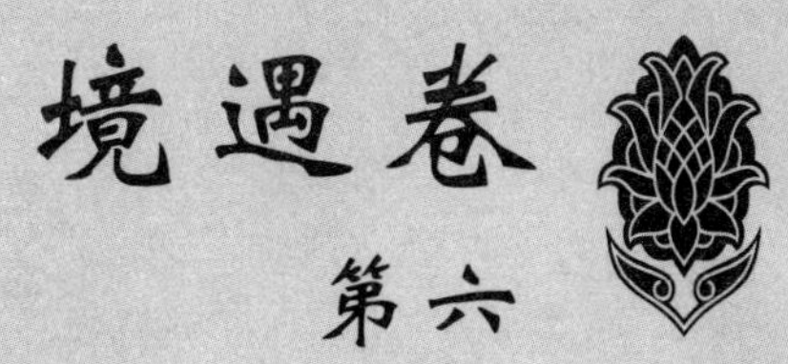

原文

婴儿之病伤于饱，贵人之祸伤于宠。龙阳君之泣鱼，黄头郎之入梦。董贤令色，割袖承恩，珍御贡献，尽入其门。尧禅未遂，要领已分。国忠娣妹，极贵绝伦；少陵一诗，画图丽人；渔阳兵起，血污游魂。富贵不与骄奢期，而骄奢至；骄奢不与死亡期，而死亡至。思魏牟之谏，穰侯可股栗而心悸。噫，可不忍欤！（《*劝忍百箴*》）

译文

婴儿生病往往是因为吃得太饱，富人的祸患多是由于太受宠。魏王与龙阳君同坐一条船钓鱼取乐，龙阳君却哭了，他是担心自己被抛弃。西汉一个叫黄头郎的摇船人，因为被汉文帝梦见过，受到了汉文帝的宠幸和赏赐，但最终还是饿死了。西汉的董贤因为长得美而受到汉哀帝的宠爱，一次皇帝与他同睡一床，他压住了汉哀帝的衣袖，为了不惊醒他，汉哀帝就割下衣袖，官府的珍品和海外的贡品，都被汉哀帝赏给董贤。汉哀帝还在一次宴席上要效法尧舜，把皇帝之位让给董贤，后来此事没有实现，而董贤的性命却要结束了。唐朝杜甫《丽人行》一诗中说，杨贵妃因为得到唐玄宗的宠爱，兄妹们都飞黄腾达，致使朝纲紊乱，结果让安禄山趁机在渔阳起兵造反，许多人惨遭杀害。富有和高贵没有与骄横奢侈约定好，骄横奢侈自己就会来；骄横奢侈没有和死亡约定好，死亡就会来。现在想起战国魏公子牟对穰侯说的话，令人胆战心惊而不安。唉，人富有和显贵以后怎能没有容忍之心呢？

解读

人人都盼着富有和高贵，但是有了这些后，人往往就会骄横和奢侈，最终使自己走上了不归路。所以在富有和高贵后，还是要谦虚谨慎为好。

案例

戚夫人的结局

富有的生活和高贵的地位的确让人羡慕，受到身处高位的人的宠爱固然也是可喜的，但是在那种环境中能够保持一种良好的心态是很重要的，否则祸害经常找到你的头上。

戚夫人是汉高祖刘邦的宠妃，她长相美丽，能歌善舞，高祖总是和她一起歌唱舞蹈，唱到欢乐的歌曲两人相对大笑，唱到忧伤的歌曲时两人又相对落泪。戚夫人曾经为刘邦生下一个儿子，取名如意，因为其无论从外貌还是从性格来讲都和刘邦极其相似，所以刘邦极其喜爱此子。《史记》记载，因为戚夫人得宠于帝，就有了夺嫡之心，希望皇上能够废掉吕后的儿子刘盈改立自己的儿子如意为太子。甚至还多次在皇上面前诬陷太子和吕后的亲生女儿鲁元公主。

吕后得知此事以后，就向张良请教。张良告诉吕后商山隐居着四位老者，人称“商山四皓”，这四老的学识很高，皇上屡次去请都被拒绝了，若四老肯辅佐太子，皇上必会打消换太子的想法。果然如张良所料，太子得到这四老的辅佐以后，刘邦认为太子羽翼已丰，已不能够换立储君，从此以后就没有再立如意之心了。

后来，高祖驾崩，刘盈即位，是为汉惠帝。因为当年戚夫人侵害到吕后的利益，吕后早就对戚夫人痛恨之极了，这时没有了高祖庇护的戚夫人正是吕后的“鱼肉”了。吕后派人将戚夫人抓起来，将其剃成秃头，穿上犯人的衣服在后宫舂米。

戚夫人在做活的时候一边舂米一边唱歌，她唱到：“子为王，母为虏……相离三千里，当谁使告汝。”这首歌曲流露出让自己儿子如意来营救的心思，这自然又惹恼了吕后。吕后直接宣召刘如意进宫，虽然刘盈极力保护自己的弟弟，吕后还是找了个机会毒死了刘如意。这还不算完，吕后还将戚夫人的手、脚全都砍断，将其弄成聋哑人扔到了猪圈里边，这就是历史上很有名的残酷的“人彘”事件。

戚夫人明眸善睐，能歌善舞，得宠于高祖刘邦，可是她得宠的时候怎么会想到日后自己和儿子的悲惨下场呢？在那样高贵的宠妃地位中不知收敛，反而怂恿皇上换立储君，最后偷鸡不成蚀把米，自己变成了人彘不说，还白白葬送了年仅 15 岁的儿子的性命。

原文

能忍辱者，必能立天下之事。圯桥匍匐取履，而子房韫帝师之智；市人笑出胯下，而韩信负侯王之器。死灰之溺，安同何羞；厕中之箦，终为应侯。盖辱为伐病之毒药，不瞑眩而曷瘳。故为人结袜者廷尉，唾面自干者居相位。噫，可不忍欤！（《劝忍百箴》）

译文

能够忍耐耻辱的人，一定能够成就一番大事。张良在圯桥匍匐着为老人穿鞋，最后有了成为帝王之师的智慧；韩信少时甘受胯下之辱，受市人讥笑，最后成为大器，被封王封侯。西汉的韩安国因事入狱，但他认为死灰还会复燃的，要羞辱他的狱吏田甲却说：“燃了就用小便浇灭它。”后来韩安国出狱当了梁王内史。范雎装死而被人用席子卷着放进厕所里，后来被秦昭王封侯。由此看来，羞辱真是给人治病的毒药，不使人昏昏欲睡，怎么好得了呢？张释之曾为当时喜欢谈论黄老之术的王生系袜子，汉文帝、景帝时却做了廷尉；唐代曾做了三十年宰相的娄师德曾对他弟弟说：“别人吐唾沫到你脸上，不要擦干它，让它自己干了，应当笑着接受下来。”唉，欲成大事的人怎能没有忍辱之心呢？

解读

人可以受累，却很难受辱，但正是这羞辱，却最能锻炼人，不信你看看上面的这些例子。当然受辱后要发愤图强，不能自暴自弃。

案例

军事家孙膑

人生并非一帆风顺，身在低谷时，如何忍受羞辱是一门学问，因为当你懂得羞辱之后必定发奋图强，只有这样才能够有一番作为。

孙膑和庞涓都是鬼谷子的学生，但是孙膑的才华要高过庞涓，当年两人都在魏惠王的手下，庞涓嫉妒孙膑的才华，使计陷害孙膑，说他通敌卖国，并将孙膑的膝盖骨挖了出来，还在他的脸上刻字，想方设法地羞辱他。庞涓反过来还假装好人，帮他治身上的伤，同时希望孙膑能够将当年鬼谷子老师传给他的兵法写给自己。庞涓的手段太过卑劣，连他的侍从都看不下去了，这个侍从就告诉了孙膑真相。孙膑看清了庞涓的丑陋嘴脸，就装疯卖傻，终于逃到了齐国。

到了齐国以后孙膑投靠在大将田忌门下，在这期间有一个很有名的“田忌赛马”的故事，其中的策略正是孙膑所想，也因为这件事情，齐王开始重用孙膑。公元前354年，魏国进军赵国，赵向齐求救，齐王任命田忌为大将，孙膑为军师前去救援赵国。孙膑说：“魏国常年征战，主力基本都在国外，不如集中兵力围魏救赵。”该计策成功，庞涓派轻锐部队赶回来救国都大梁，孙膑在桂陵击败了庞涓。

公元前342年，韩国又向齐国求救，希望齐国能够帮助自己战胜魏国，齐王又接受了孙膑的建议。孙膑依然采用桂陵之战的战术，直接率兵进军魏国。为了迷惑对方，孙膑这次使用了“减灶”的策略，让魏国大将以为齐军懦弱害怕，在进军的路上就逃跑了很多士兵。庞涓带领着军队一路追赶，看到这样的情景信以为真，于是只带着精锐骑兵奋力追赶。孙膑早已观察好了地形，并推断出魏军会于晚上到达马陵，于是在此地设伏。当地有一棵大树，孙膑命士兵刮掉树皮，在白色树干上写了几个大字——庞涓死于此树之下，并且告诉埋伏好的弓箭手，看到有火光就万箭齐发。

果然不出孙膑所料，庞涓带兵于晚上赶到此地，看见黑暗中有一处发白，就命人点火把去看，而庞涓看完树上八个大字的时候，齐军弓箭手的箭也刚好要了庞涓的命。此次马陵之战，齐军大获全胜，歼敌十万，俘虏了魏国太子，而齐国也成就了其当时的霸主地位。

孙膑是一个受过侮辱的人，但是他并没有按照庞涓所想为世人所不知，相反，他在承受了侮辱之后奋发向上，最终不但可以为自己报仇，还能够流芳百世，可见，人在忍受侮辱之后不能不奋发图强啊！

原文

宴安鸩毒，古人深戒；死于逸乐，又何足怪。饱食无所用心，则宁免博奕之尤；逸居而无教，则又近于禽兽之忧。故玄德涕流髀肉，知终老于斗蜀；士行日运百甓，习壮图之筋力。盖太极动而生阳，人身以动为主。户枢不蠹，流水不腐。噫，可不忍欤！（《劝忍百箴》）

译文

以安逸为乐，这比鸩毒还害人，这是古人深以为戒的；死在安逸和欢乐上，这又有什么可奇怪的呢？吃饱了饭，不去用心做事，还不如鼓励他下棋游戏；安逸的生活却得不到教育，这就接近于禽兽，令人担忧啊。三国时的刘备因安逸的生活而大腿上的肉长了起来，他痛苦地流下了眼泪。这是他知道光阴似箭，日月像流水，老年就要到了，而功业还没有建立；晋代的陶侃每天要将一百块砖搬来搬去，这是他在锻炼以后做大事所需的体力啊。周子《太极图说》中有这样的话，太极运动就会产生阳，人也应以运动为主，这正如经常转动的门轴不会被虫蛀，经常流动着的水不会发臭一样。唉，成大事者，怎能没有忍耐而经受不起磨炼呢？

解读

人都希望自己的生活安逸，但是如果总是生活在安逸中却是危险的，因为这样人就会死在安逸中。所以要想成大事的人，就要不断处于磨励中。

案例

唐玄宗的前后半生

古人常说“生于忧患死于安乐”，这句话是很对的，唐玄宗的一生完美地诠释了这句话的意思。

武则天死以后，中宗即位，由于他的懦弱，皇权逐渐落在其妻韦皇后和女儿安乐公主的手中，韦皇后毒杀了中宗，希望自己也能像武则天一样做一代女皇。此时，李隆基和太平公主联手发动了历史上有名的“唐隆政变”，铲除了韦皇后之流，睿宗上台。

睿宗当上皇帝以后立了李隆基为太子，但是他在处理政事的时候先问太平公主，后问太子的意见，随着时间的流逝，皇上越来越宠信自己的儿子，太平公主觉得自己的政治地位受到了威胁，就想废掉太子。为了避免唐王朝再次陷入混乱，睿宗于公元712年将皇位传给了李隆基，是为唐玄宗。

李隆基的即位加剧了太平公主与其的矛盾，当时太平公主又想发动政变，甚至计划好了在李隆基的饭食中下毒。唐玄宗先发制人，召集了自己的几个弟弟和大将军诛杀了太平公主的党羽，后又赐死姑姑太平公主，713年大唐国号改称开元。

李隆基在位的前期，看重人的才能和品德，分别重用了贤臣姚崇、宋璟、张说、张九龄为相，励精图治，开创了“开元盛世”。但是当他取得了一定成就之后，就开始贪图享乐了。他先是任用了奸臣李林甫，后又听信了武惠妃的谗言，将自己的几个儿子贬为庶民，立了三子为太子。

武惠妃死后，他又从儿子寿王手中得到了大名鼎鼎的美女杨贵妃，于是沉溺女色，不问朝事，白居易在《长恨歌》中说他是“从此君王不早朝”。为了使得杨贵妃高兴，李隆基甚至派人用传达军情的战马来运荔枝给杨贵妃，杜牧有诗为证：“一骑红尘妃子笑，无人知是荔枝来。”。

在朝中大事上，李隆基又直接任用了杨贵妃的哥哥杨国忠，当时的杨国忠仗着自己妹妹受宠，可谓是一手遮天。李隆基后来又宠信安禄山，这更是直接导致了安史之乱。

唐玄宗在唐王朝君权争斗最激烈的时候异军突起，成就了帝王之业，在达到了其执政期间最辉煌的时刻以后反而走向了没落，可见不断的困境和磨砺对一个人有多大的警醒作用。唐太宗曾经说过：“以铜为镜，可以正衣冠；以史为镜，可以知兴替；以人为镜，可以明是非。”历史的兴替的确让我们看到唐玄宗“生于忧患死于安乐”的一生。

原文

围棋制淝水之胜，单骑入回纥之军。此宰相之雅量，非元帅之轻身。盖安危未定，胜负未决，帐中仓皇，则麾下气慑，正所以观将相之事业。浮海遇风，色不变于张融；乱兵掠射，容不动于庾公。盖鲸涛澎湃，舟楫寄家；白刃蜂舞，节制谁从。正所以试天下之英雄。噫，可不忍欤！（《劝忍百箴》）

译文

东晋大军决战于淝水，主帅谢安却泰然处之，悠然和客人下棋，最后取得胜利；回纥大军蜂拥而至，主帅郭子仪单骑深入敌阵，不战而胜。这是宰相的雅量，而不是元帅轻身啊。如两军对峙，安危未定，胜败未分，主帅却仓皇失措，那么他的手下士兵就一定会丧失士气，胆小害怕，这种时候，正好可以观察将相能否成就大事。南齐时的张融在一次乘船渡海时，遇上了大风，却没有一点害怕的表情。晋代的庾亮兵败逃跑时，在敌人的如雨乱箭、刀光剑影之中却不动声色。波涛汹涌澎湃，能以船只为家；白刃乱舞，却能够镇定自若。这种危险艰难的关头，正是考验天下英雄的时候。唉，人面对艰难和危险怎能没有忍耐之心呢！

解读

在危急关头最能反映一个人的品质，为帅为将之人一定要有处事不惊的能力，这样才能统率千军万马。而作为普通人，也不要遇事就害怕，要学会淡定处事。

案例

处事不惊的谢安

北宋时期著名的文学家苏洵在其作品《心术》中写到："为将之道，当先治心。泰山崩于前而色不变，麋鹿兴于左而目不瞬，然后可以制利害，可以待敌。"这正写出了紧要关头处事不惊的重要作用啊！东晋时期的谢安就是这样一位大人物。

谢安，是东晋时期的名流之士，他年轻的时候好清谈，多次拒绝出仕，也因为这个原因，朝中有些人就故意中伤谢安，朝廷就决定对谢安施以终身禁锢之刑，后来皇上又赦免了他。即使这样，谢安依然不屑一顾。后来谢家家族在朝廷中的势力日渐稀落，他才东山再起，进朝为官了。但是谢安为官并不是为了家族的利益而是为了国家利益。

当时苻坚统一了北方，公元 383 年率领着百万大军南下，希望能够一举消灭东晋，一统天下。当时整个建康都笼罩在惶恐之中，只有谢安镇定自若，他举贤不避亲，派谢家子弟谢石、谢玄、谢琰以及桓伊率领八万雄兵抵御苻坚的进攻。

由于兵力悬殊，谢玄出发前到谢安家里辞行，希望谢安能够有所嘱托，可是谢安只是回答自己已经有了比较好的安排就没再多说一句话。第二天，谢玄又请自己的好朋友，当时著名的棋手张玄去打探一下。

张玄到达谢安府中，还没来得及张口，就被谢安请到自己山里的别院去了。谢安请求张玄与自己下棋，刚才也说了，张玄可是当时有名的棋手，平时和谢安下棋赢多输少，可是这日因为心不在焉，所以连连败北。

当天晚上，对弈结束，才宣召了各位出战的将领，把每个人的任务和注意事项都一一交代清楚。大家一看谢安神情自若，都信心大增，各自回到自己的阵营去了。

淝水之战真正开始以后，谢安更是气度非凡，指挥若定，当晋军大胜的捷报送到谢安府中的时候，谢安正在和朋友下棋，他看完捷报后不动声色，依然和朋友谈棋论道，他的朋友忍不住问战况如何，他才淡然告之。

谢安具有大将风范，气度自非常人所能比，无论有什么大事放到他面前的时候，他都能平静地思索，然后做出万全之策。同样是淝水之战，苻坚的百万大军被晋军大败，返回的时候风声鹤唳，这和谢安之稳如泰山形成了鲜明的对比。

原文

六气之淫，是生六疾。慎于末萌，乃真药石。曾调摄之不谨，致寒署之为衅。药治之而反疑，巫眩之而深信。卒陷枉死之愚，自背圣贤之训。故有病则学乖崖移心之法，未病则守嵇康养生之论。勿待二竖之膏肓，当恩爱我之疾疢。噫，可不忍欤！（《劝忍百箴》）

译文

阴、阳、风、雨、晦、明等六气过多，就会产生寒疾、热疾、末疾、腹疾、惑疾、心疾等六病。在六病还没有萌发之前谨慎地预防，这才是真正的好药方。人如果不注重调整自己的饮食，不注意养生之道，行为不谨慎，就会导致风寒暑热侵入体内而得病。用药物去治疗，反而怀疑药的作用；而深信巫术，最终冤枉而死，这实在是因愚昧而违背了古人圣贤的教训。所以说如果有了疾病就学张咏的移心之法，没有疾病就学嵇康专心养身的道理。不要等到病入膏肓的时候才去医治，应当常常想到别人对我的宠爱也有可能是危及健康的疾病。唉，人怎能不学会忍耐呢！

解读

这里讲的是养生之道，强调要治未病。最重要的是这里提到别人的宠爱有时也有可能致病，特别有现实意义。

案例

神医华佗

古代的神医不但能够药到病除，更能从病人的颜面中看到其内在的病因，与此同时，他们更加重视平时的养生，神医华佗即是如此。

华佗是三国时期谯县人，他自己就非常重视养生，所以大家并不能从他的容貌上看出其真实年龄。

当时郡守府中的两名官吏分别叫作倪寻、李延，两人都是头疼发烧病状相似，来到华佗府中看病，华佗为其开的药方居然不同，他要求前者通过小便缓解病痛，而后者通过发汗降低体温。原来两人的病症相似，可是触发原因却不同，一个是外实，一个是内实，所以必须通过不同的治疗方式才行。

华佗走在路上看到一个人想吃东西却吃不下，坐在车里呻吟，华佗就告诉他们：“刚才路过的地方有卖饼和蒜泥的地方，你们去买三升来吃，自然药到病除。”事实正如华佗所说，病人吃完那些以后吐出了一条很长的寄生虫。

像这样神奇的治疗案例举不胜举，其神医的名声终于惊动了曹操。曹操常年患有偏头疼，于是曹丞相就宣召华佗专为他个人看病，这与华佗济世救人的主张相违背，而且曹操怀疑华佗刻意不医好自己并以此相要挟，所以他就将华佗斩杀了。华佗写成的医书，却因为狱卒胆小怕事不敢接受，也被大火烧尽了。

虽然华佗去世了，他的医书没有得以保存，但是当年曾经收过两个徒弟，一个叫作吴普，一个叫樊阿。当年华佗曾经教导吴普：“人应该注重运动的力量，因为只有运动了，你获得的食物中的养分才能够被吸收，消化通顺了，血脉才可以通畅，这样就不容易生病了。”华佗制“五禽戏”，用来活动人身体的各个环节，并将此运动方法传给了吴普。吴普一直练习此术，活到九十多岁的时候，还眼不花耳不聋，甚至连一颗坏牙齿都没有。樊阿则向华佗求取了类似于现在的保健药，华佗传给他一剂“漆叶青黏散”，这副药的好处是能够将体内寄生虫打掉，并且使身体轻便，樊阿常服此药，活到一百多岁。

华佗是我国历史上杰出的医师，他在救治的过程中讲究的还是“防患于未然”所以创“五禽戏”以强身，制“漆叶青黏散”以健体，这些强调的实际上都是治未病之时啊，所以上面才说在六病还没有萌发之前谨慎地预防，才是真正的好药方！

原文

志不慑者，得于预备；胆易夺者，惊于猝至。勇者能搏猛兽，遇蜂虿而却步；怒者能破和璧，闻釜破而失色。桓温一来，坦之手板颠倒；爰有谢安，从容与之谈笑。郭晞一动，孝德彷徨无措；亦有秀实，单骑入其部伍。中书失印，裴度端坐；三军山呼，张泳下马。噫，可不忍欤！（《劝忍百箴》）

译文

志气不因他人威吓而动摇的人，在于事前做了精确周密的准备；胆量容易失去的人，在变故突然来临之时容易惊慌失措。勇敢的人能够和凶猛的野兽搏斗，遇到蜂蝎却会害怕而逃走；愤怒的人有勇气打碎千金之璧，却在锅被砸破的时候吃惊不小。西晋大司马桓温一到，王坦之害怕得到连上朝的手板也拿倒了；而谢安却神情从容地坐在自己的位置上，和桓温谈笑自如。郭晞的军队蠢蠢欲动，白孝德就犹豫彷徨，不知该怎么办了；段秀实却一人单骑到了郭晞的军营之中，妥善地处理了事情。中书省的官印不见了，宰相裴度却安坐不动；张泳阅兵时，部下的所有士兵大声起哄，图谋不轨，张泳却神态自若，下了战马像他们那样高呼三声。唉，人面对突如其来的变故，怎能没有耐性呢！

解读

世间的一切事物都处于变化中，所以在变化时，不要害怕，因为这是生活的常态。为了适应变化，就需要人提前看到变化并做好准备。

案例

冯谖客孟尝君

有些人有着远见卓识，他们在各种时候都能够防患于未然，所以面对变化多端的世界，这些人总能有备无患。战国时期有著名的四公子，其中孟尝君的门客冯谖就是那个帮助孟尝君适应变化的人。

冯谖是战国时期齐国人，家里很穷连自己也养活不了，就到孟尝君门下做门客，孟尝君问他有何特长，他回答对方："没有。"即使这样，孟尝君还是接纳了他。因为他没有什么能耐，所以孟尝君的手下就给冯谖吃粗茶淡饭，没过几天，冯谖就拍打着他的宝剑唱道："宝剑啊，宝剑啊，我吃的饭里边没有鱼啊！"孟尝君就让下人准备鱼给冯谖吃。又没过几天，冯谖又拍打着他的宝剑唱道："宝剑啊，宝剑啊，我出门的时候没有车坐啊！"孟尝君又满足了他的要求。还是没过几天，冯谖又拍打着他的宝剑唱道："宝剑啊，宝剑啊，咱们回去吧，因为我也没办法养家啊！"别人都认为冯谖贪得无厌，所以很讨厌他，只有孟尝君问明了情况给了他房屋，让他供养母亲。从此以后冯谖才没有再发牢骚。

后来，孟尝君需要人去自己的封地薛去收账，冯谖自告奋勇要去完成这个任务。临行前问孟尝君需不需要买点儿什么回来，孟尝君回答道："看着府里没有的带一点儿吧！"谁想到冯谖到达薛以后把老百姓们都叫来，核对了之前的账目，就把债券全都烧掉了，并且告诉大家是孟尝君让他这么做的。冯谖去得快，回来得更快，孟尝君问他为何如此顺利地就完成了任务，他说："我临行之前您说让我买一些府里没有的东西，我想来想去府中只缺少义，所以我就烧了债券帮你买义啦！"孟尝君很不高兴，但是也没有说什么。

一年以后，新上台的齐王有感于孟尝君的势力强大就将其辞退回封地了，可是孟尝君还没到薛，就见老百姓们扶老携幼前来迎接，直到此时孟尝君才见到冯谖当年市义的效果。冯谖说道："俗话说狡兔三窟，您现在只有薛地一个地方，臣下愿意再为您打造两处洞穴，只有这样您才能高枕无忧啊！"

冯谖又想了一些办法让魏国、齐国的国君都对孟尝君刮目相看，魏国兴师动众地派人请孟尝君去魏国为相，这个消息传到齐王耳朵里，满朝震惊，齐王也赶紧派人请求孟尝君回归朝堂之上。冯谖又帮孟尝君索取到了先王的祭器，并且立了齐国的宗庙在薛地，直至此时，冯谖才告诉孟尝君可以高枕无忧了。孟尝君在齐国为相数十年，没有任何大的灾祸，想来这都是冯谖预料未来的功劳啊！

的确是这样，世间的事物变幻莫测，我们的一生也是如此，面对各种难以预料的变化不要害怕，要透过现象挖掘其背后的本质，只有那些提前看到变化的人才能够稳如泰山。

原文

有事服劳，弟子之职。我独贤劳，敢形辞色。《易》称劳谦，不伐终吉。颜无施劳，服膺勿失。故黾勉从事，不敢告劳，周人之所以事君；惰农自安，不昏作劳，商盘所以训民。疾驱九折，为子赣之忠臣；负来百里，为子路之养亲。噫，可不忍欤！（《劝忍百箴》）

译文

有事时，尽其勤勉之能事，这是做弟子应尽的职能。尽管我做得最多最好，也不应在言谈和表情中显露。《易经》中说勤恳而谦逊的人，不敢自夸功劳，而有好的结果。颜回说不要因有善德而自夸，不要因有功而张扬，做了一件好事就把它记在心上。勤勉从事，不敢倾诉辛劳，这是周大夫说的侍奉君主与侍奉父母的准则；懒惰的农民只求安逸享乐，不愿辛勤地劳作，这是盘庚教导老百姓的话。打着马快跑经过九折坂这个地方，这是因为王子赣是个忠臣；从百里之处的地方背米回来，这是因为子路是个奉养父母的孝子啊。唉，面对劳累人怎能不忍呢！

解读

生活中不要怕劳累，而且即使是做事自己做得最多最累，也不要自夸，要懂得谦逊，这才是为人处世的正道。

案例

艰难求学的宋濂

吃苦耐劳是中华民族的传统美德，我们无论做什么事情的时候，都要谨记。

宋濂是明初政治家，太祖皇帝朱元璋称其为“开国文臣之首”，可是他少时家中贫困，虽然爱好读书却没有相应的条件，这就开启了他艰难求学的一生。

宋濂家中没钱买书，他就想方设法地到有藏书的人家去借书读，并且亲自拿笔抄写一本，为了能够及时归还，即使是冬日天气寒冷之时也不放松。由于气温很低，有的时候砚池里的墨都冻住了，手指头都伸展不开，可是他从不放弃，而且一到时间一定定期归还。因为宋濂好学爱书，守诚信，许多人都愿意把书借给他。

宋濂阅读了大量的书籍，就更加仰慕先贤的学说，他为了寻求名师，跑到几百里以外请求高人的指点。那个前辈有很高的声望，也有很深的学问，每次来求教的学生都挤得屋子水泄不通，不过这位前辈的脾气很怪，说话也很难听。宋濂总是站立一旁侍奉先生，每次提出问题、询问道理的时候都是弯身侧耳，非常恭敬。如果先生斥责自己，宋濂不但不生气，态度更加恭顺，礼数也更加周到，因为宋濂这样的求学态度，使得他终于大有所获。

后来，宋濂到了一个书舍学习，书舍离他家很远，他背着书箱要爬过大山才能到达。深冬时分，西北风呼呼地刮着，大雪堆积了几尺厚，他走在路上皮肤都冻开了也没有觉察。到了书舍，四肢僵硬地都不能动，他需要披着被子在火炉旁好久才能暖和过来，但是这都不能熄灭宋濂心中求学的欲望。

后来，宋濂入朝为官，诗文名扬天下，和高启、刘基并称“明初诗文三大家”，刘基更是称颂他为“一代名儒”和“当今文章第一”。即使取得了这么大的成就，宋濂从来没有流露出自满之情。他忠君爱国，敢于直言，朱元璋曾经让下属上奏折提意见，有一个叫作茹太素的官员写了一万多字的奏折，皇上大怒，很多大臣也都抨击茹太素太不像话了。只有宋濂说：“皇上您广开言路要臣子进谏，茹太素不过是尽忠罢了！”太祖皇帝认真读了茹太素的奏折，发现其中有很多值得采纳的好建议，感慨地说到：“要没有宋濂，我就会错怪为我尽忠的人啊！”

宋濂一生刻苦好学，即使环境再不好也不改变初衷，位极人臣之后又勤勉从事，从不为自己的功劳而张扬跋扈，这才是真正的为人之道啊！

原文

浆酒藿肉，肌丰体便。目厌粉黛，耳溺管弦。此乐何极？是有命焉。生不得志，攻苦食淡；孤臣孽子，卧薪尝胆。贫贱患难，人情最苦。子卿北海之上牧羝，重耳十九年之羁旅。呼吸生死，命如朝露。饭牛至晏，襦不蔽，牛衣卧疾，泣与妻决。天将降大任于斯人，必先饿其体而乏其身。噫，可不忍欤！（《劝忍百箴》）

译文

把酒看成水，把肉看成是藜藿这样的野菜，这些人把自己养得肌肉丰满，大腹便便。眼睛已开始讨厌涂脂抹粉的美女，耳朵也已经听腻了管弦的声音，这算是欢乐吗？恐怕是命运的安排吧。人生不得志的时候，就刻苦攻读，吃着粗茶淡饭；只有失宠的臣子和庶出的儿子，才会像越王勾践那样卧薪尝胆。人世间最苦的莫过于贫穷、地位低微而遭受磨难。苏武在北海荒无人烟的地方牧羊十几年，晋公子重耳到处奔波流浪，逃亡在外十九年。这些人的生命就像早晨起来的露水一样极易消失，生与死，也仅仅只在一口气之间啊。从晚上喂牛到半夜，穿着的衣服遮挡不到小腿。得了病，没有被子，只好睡在牛衣中和妻子相对流泪。上天将要把重大的任务放在某个人的身上时，一定要使用他的胃挨饥受饿，使他的身体受到困乏的侵扰。唉，人生怎能不忍受一些苦难呢！

解读

孟子说：天将降大任于是人，必先劳其筋骨，饿其体肤。人在遇到苦难之时，不要害怕退缩，要看成是对自己的考验，只要战胜了这些苦难，就会云散日出。

案例

六国相——苏秦

每个人都有人生的低谷，但是我们一旦从低谷中走出，就会看到山顶美丽的风光，就像歌中唱的那样“不经历风雨，怎么见彩虹”，所以如果我们遇到苦难，一定要尽力战胜面前的苦难，要知道阳光总在风雨后。

苏秦是战国时期的著名纵横家，和张仪齐名，他出身于普通百姓人家，但是少年时期就胸怀大志，相传是鬼谷子的学生。苏秦第一次出师之后，以为自己所学纵横之术必有所建树，出游几年，最后到秦国向秦王进行游说，为其制定了一统天下的策略，可是秦王并没有采纳他的策略，因此一事无成。

此番失败的苏秦回到家以后遭到全家人的耻笑，自己的妻子不为自己纺织制衣，主管全家伙食的嫂子也不给他做饭，甚至自己的父母都很少与其说话。苏秦认为这一切的羞辱皆来自于秦，所以发奋读书，找出师父当年的著作开始读书。他看书直至深夜，困意来袭就拿锥子刺自己的大腿，这也就是“锥刺股”的来历了。

而后苏秦再次出山，这次他改变了之前的策略，开始主张合纵，即联合战国时期除秦国以外其他六国的军事力量以共同抗秦，此术被当时的几个国家采纳。苏秦佩戴着六国的相印荣归故里，他的父母从三十里外就去迎接他，而嫂子是“匍匐蛇行”，真是此一时，彼一时啊！

苏秦担任六国的宰相，力主合纵，发动了诸侯国联军和秦国对抗，使得秦国退居在函谷关内十五年不敢出来，这在一定程度上解决了战国时期其他六国的生存问题，凭借一己之力就能达到这样的境地，如果没有大智慧这是很难的啊！

诚如孟子所说“故天将降大任于斯人也，必先苦其心志，劳其筋骨……”苏秦在不得志的时候刻苦攻读，终于拜六国相，成就了大事业。我们现代人在苏秦的身上是不是也看到了忍耐一时苦难背后的光明呢？

原文

不受触者，怒不顾人；不受抑者，忿不顾身。一毫之挫，若挞于市；发上冲冠，岂非壮士。不以害人则必自害，不如忍耐徐观胜败。名誉自屈辱中彰，德量自隐忍中大。黥布负气，拟为汉将，待以踞洗则几欲自杀，优以供帐则大喜过望。功名未见其终，当日已窥其量。噫，可不忍欤！（《劝忍百箴》）

译文

不受别人冒犯的人，发起怒来哪会顾及别人呢；不受别人压抑的人，愤怒起来连自身都不顾啊。北宫黝这个人受到一点打击，就好像别人在大庭广众之下打了他一样；蔺相如因秦国拿了和氏璧而不给城，气得头发直竖起来，把帽子都顶了上去。他们难道不是壮士吗？受了挫折就发怒，只能让自己受害，还不如慢慢观察，以待情况变化。名誉往往可以从屈辱中彰显，德量也往往在隐忍中光大。西汉人黥布降汉后，被召见时汉王刘邦坐在床上洗脚，黥布气得想自杀，等他看到自己吃穿用和随从与汉王差不多时，则又大喜过望。尽管当时不能预料他将来的前途如何，可是他的器度已经大白于天下了。后来他果因谋反而被杀。唉，人受到别人的冒犯或受挫折时，怎能不忍耐呢！

解读

在遭受挫折时，要懂得忍耐，只有忍过去了才会有希望，如果马上发怒或着急，只会使自己受害。

案例

霸王别姬

诚如前人所说，忍耐和坚持是痛苦的，但它会给你带来好处。如果我们不能忍耐，遇到挫折就立刻反弹，那么受伤的只能是我们自己，失败的也只能是我们自己。

秦末时期群雄争霸，最后天下的主宰者将在刘邦和项羽之间产生。自从鸿门宴以后，刘邦被封为“汉王”，带着自己的兵马回到了汉中地区，并且听了张良的良策，一把火烧了栈道，经过几年的励精图治，觉得时机成熟了，后来任命韩信为大将军，“明修栈道暗度陈仓”，挥军与楚相争。

当时项羽的军队驻扎在垓下，兵少粮绝，形势已经很紧张了，汉军将其包围在其中，并且唱起了楚国的歌曲，项羽大为吃惊：“怎么汉军营中有这么多的楚人，莫非汉军已经攻占了楚地？”项羽起身一曲《垓下歌》：“力拔山兮气盖世，时不利兮骓不逝。骓不逝兮可奈何，虞兮虞兮奈若何！”感人至深，虞姬听完此歌和了一首就自刎而去。

项羽带着自己剩下的骑兵八百多人，趁着夜色朦胧突围而去，一路向南，直到天快亮的时候汉军才发现，当时灌婴带领五千骑兵前去追赶。项王渡淮河的时候，身边仅仅有一百多人了。项王看着当时的形势，知道自己断难逃脱，就带领剩下的几十人奋勇杀敌。项羽作为赫赫有名的大将，力能扛鼎，以一敌百，砍杀了汉军无数，杀死了汉将几人。当时汉军的赤泉侯杨喜在项羽后边追赶，项王瞪大眼睛呵斥对方，吓得杨喜人仰马翻。

这时候项王已经到了乌江边上，能够渡江而去自会摆脱追兵，乌江的亭长停船等在那里，他劝项王说：“江东虽然地方不算很大，但是也有方圆几千里，民众也算众多，只要大王东渡，必定能东山再起啊！”可是项羽面对着自己曾经的辉煌，没有想到“留得青山在不愁没柴烧”的古训，认为自己无颜再见江东父老，于是在乌江边上自刎而亡。

对霸王项羽自刎的事情，杜牧有诗说道：胜败兵家事不期，包羞忍耻是男儿。江东子弟多才俊，卷土重来未可知。的确像杜牧说的这样，如果项羽兵败以后可以总结自己失败的教训，回到江东地区谋求发展，天下大势也不得而知啊！反观刘邦，忍得一时之辱偏安汉中，最终还是取得了天下啊！所以说人在受到挫折的时候，怎么能不忍耐呢？

原文

子虚一赋，相如遽显；阙书一下，顿荣主偃。王生布衣，教龚遂而曳祖汉庭；马周白身，代常何而垂身唐殿。人生未遇，如求谷于石田；及其当遇，如取果于家园。岂非得失有命，富贵在天？卞和三献，不售；颜驷三朝，不遇。何贾谊之抑郁，竟知终于《鹏赋》。噫，可不忍欤！（《劝忍百箴》）

译文

西汉司马相如写了一篇《子虚赋》，受到汉武帝的高度评价，他因此而名声大振；西汉的主父偃怀才不遇，给汉武帝写了一封信，汉武帝大为赏识，顿时荣耀起来，被委任为郎中。西汉人王东原是渤海庆守龚遂的幕僚，因指点龚遂应对汉宣帝的询问，受到汉宣帝的赏识而得以升官晋爵；唐代马周也是个普通人，因代郎中常何写文章，向唐太宗提出了二十多条治旱建议而被委以官职。一个人在机遇没有来临时，就好像在自家的菜园里摘果子。这难道不是人们常说的得失由命运决定，富贵取决于上天的安排吗？卞和多次献上他的美玉，都没有一次献出去；西汉人颜驷历经三代帝王都没有得到重用。西汉的贾谊才二十多岁就被朝廷委任为博士，后因贬为长沙王太傅而心中苦闷，写成了一篇《鹏赋》，探索生死之理，抒发心中的郁闷。唉，人在怀才不遇时，怎能不忍耐呢！

解读

怀才不遇是很多人都遇到过的，这时要善于忍耐，寻找机会，不要在消沉中失去机会，或者性格变得高傲而自命不凡。

案例

陶渊明怀才不遇

西汉时期的冯唐，以孝悌举荐为官，明明胸有韬略却因为人耿直没有得到重用，汉武帝要出征匈奴之时依然有人举荐冯唐，可惜当时冯老已经九十多岁了，无缘戎马生活，难怪王勃在其作品中写到“冯唐易老，李广难封”了。

古人怀才不遇的有很多，虽然有一部分人抓住了机会而大展宏图，但是也不乏一直怀才不遇的文人志士，像李白、韩愈、李商隐，他们很多人对待怀才不遇的态度在很大程度上是继承了陶渊明的。

我们认识陶渊明基本是从他那篇四海闻名的《桃花源记》，其中讲了武陵人误入桃花源，后又再去寻觅不见踪迹的故事，这部作品中或多或少地表达了陶渊明的人生理想。陶渊明，名潜，是晋朝时期著名文人，我国历史上第一位“田园诗人”。他少年时期也曾有过建功立业的宏伟大志，有杂诗为证：“猛志逸四海，骞翮思远翥。”

公元 393 年，陶渊明怀着兼济天下的宏大志愿到江州刺史手下任职，但是晋朝的社会环境很快就抛弃了他。晋朝时期门阀制度森严，那些大家望族很瞧不起贫民出身的陶渊明，所以他不但得不到重用还受尽人们的白眼，所以陶渊明选择了辞官。后来，陶渊明又几经周折，几次入仕辞官，最终选择了隐居世外。陶渊明在隐居的日子里“躬耕自资”，他的妻子也与其志同道合，在此期间陶渊明创作了大量脍炙人口的作品，“采菊东篱下，悠然见南山”“少无适俗韵，性本爱丘山”，这都为后代文人津津乐道。

陶渊明不愿为五斗米折腰，他在归隐田园的乐趣中实现了自己的人生价值，被称为“隐逸诗人之祖”。可以说，他在怀才不遇的时候寻找到了一种新的人生，这一点在后世影响了很多人，白居易曾经写诗表达了自己对陶渊明的仰慕之情：

柴桑古村落，栗里旧山川。
不见篱下菊，空余墟里烟。
子孙虽无闻，族氏犹未迁。
每逢陶姓人，使我心依然。

关系卷

第七

原文

父子之性，出于秉彝。孟子有言，贵善则离，贼恩之大，莫甚相夷。焚禀掩井，瞽太不慈。大孝如舜，齐栗夔夔。尹信后妻，欲杀伯奇，有口不辩，甘逐放之。洒米数百斛而空其船，施才数千万而罄其库，以郗超、全琮不禀之专，二父胡为不怒？我见叔世，父子为仇，证罪攘羊，德色借耰。父而不父，子而不子，有何面目，戴天履地？噫，可不忍欤！（《劝忍百箴》）

译文

父亲与儿子的天性，出自于执守上天的常道。孟子说过，父子之间为了求好而相互责备，就可能使做儿子的忘记父母的养育之恩，再也没有什么比父子之间互相责备更伤害人了。舜的父亲焚烧了谷仓，填堵了井口，都是想害死舜，这太不慈爱了。但像舜这样大孝的人，以后对待他的父亲仍然十分恭敬。尹吉甫听信后妻的谗言，想要杀死儿子伯奇，以致伯奇有口难辩，被赶出了家门。三国时的全琮，将父亲让他上集市出售的几千斛好米，无偿地散给城中做官的人；晋代郗超一天之中将仓库中所存财物全部送给了亲朋故友。全琮和郗超二人自作主张的专断行为，为什么没有引起他们父亲的怒气呢？我听说衰乱的时代，父亲偷了羊，儿子证明了这一件事；又听说古时贫贱家庭的子弟分家了，借农具给父亲，还以为自己有恩于他父亲呢。父亲如果不像做父亲的样子，儿子如果不像做儿子的样子，那还有什么脸面活于世间呢。唉，父亲和儿子之间有什么事情不能忍呢！

解读

父子之间的关系有时是很微妙的，最怕的就是父子之间出现了分歧，然后互相埋怨和责备，这样就很难处理了，所以古代要求父慈子孝。

案例

康熙立废太子

父慈子孝是我们每个家庭中都想要看到的，可是历史上偏偏有那么多的父子之间充满了矛盾，甚至上升到了你死我活的地步，康熙帝两次立废太子的故事会给我们很多的启发。

公元1675年，22岁的康熙帝在太和殿亲自立嫡长子胤礽为皇太子，并且加以悉心栽培，他不但请了有大学问的满汉官员做太子的老师，还亲自为其授课。太子稍稍懂事，康熙就传授他治国之道。而胤礽也很聪明，深得皇上喜爱。康熙帝亲征葛尔丹的时候，还让22岁的太子坐镇京师，帮助自己处理朝政长达近一年之久。由此可见，康熙对太子报以很大的期望，希望他今后能够成为一代明君。

然而自古皇家多事，康熙帝中年的时候，他的儿子们逐渐长大，皇子们都对皇位虎视眈眈，于是各个皇子都拉帮结派，同时和太子之间产生了很大的矛盾。而皇上认为支持太子的索额图助长了太子的骄纵之气，所以将索额图判以死罪。康熙四十七年（1708年）皇上带领几个皇子出巡，皇长子胤禔向康熙密报太子的不良表现，甚至说太子越级办事。恰逢皇十八子得了急性病，太子没有表现出悲痛之情，这让皇上想起了十八年前自己得病之时，太子也没有悲伤，所以很是生气。等皇上一行回归京师之时，康熙发现太子在自己帐外窥探，以为太子有谋反之心，几件事情加在一起使得康熙龙颜大怒，一气之下在回宫途中就废了太子。

太子之位悬缺，皇子们更加蠢蠢欲动，希望自己能够登上太子的宝座，皇长子胤禔更是积极准备，争夺储位，可是他煞费苦心急于求成，被皇上查出来他居然联合一个会巫术的人来镇魇前太子，皇上不忍杀死自己的亲生儿子，就将其削藩幽禁了起来。皇上看到没有太子的危害，又考虑到当年废太子有些冲动，想到了胤礽的好处，就将其放了出来，并恢复了他皇太子的身份。

然而，这样良好的情况没有多久，就出现了一个“托合齐事件”，该事件透露出的信息是太子希望托合齐等人帮助自己早日即位，也就是说他有逼宫之心，这就让康熙帝彻底失去了对太子的信心，胤礽再次被废。而后皇八子、皇四子等都开始积极进行夺储的大计了。

康熙大帝雄才大略，但是与儿子们的关系却不甚好，成年皇子拉帮结伙，形成了几个不同的派别，众皇子也都始终处在对皇位争夺的对立局面上，这对一个父亲来讲是多么不忍见到的人间悲剧呢！

现在我们都讲“家和万事兴”，的确这样，如果人人都生活在一个父慈子孝的家庭环境中，那么这个社会该是多么和谐美好啊！

原文

兄友弟恭，人之大伦。虽有小忿，不废懿亲。舜之待象，心无宿怨；庄段费协，用心交战。许武割产，为弟成名；薛包分财，荒败自营。阿奴火攻，伯仁笑受；酗酒杀牛，兄不听嫂。世降俗薄，交相为恶，不念同乳，阋墙难作。噫，可不忍欤！（《劝忍百箴》）

译文

哥哥友爱，弟弟谦恭，这是人间最大的伦理道德。虽然兄弟之间有小的不满，但仍然有手足之情啊。舜对待他的弟弟象，心中没有丝毫的怨恨；郑庄公、共叔段两兄弟却不能和平相处，以致兵戎相见，最后用战争来解决问题。许武分割财产时将好的归给自己，为的是使两个弟弟能够成名，弟弟成名后，他又将资产加倍还给他们；薛包分财产，把坏的分给自己，而弟弟每每家产破败，他又立即分给他们家产，来救济他们。弟弟阿奴因酒醉发脾气，将燃烧的蜡烛向伯仁扔去，而伯仁却微笑着，神色一点也不变；弟弟酗酒后用箭射杀了牛弘驾车用的牛，妻子向牛弘连说了两次，牛弘依旧神态自若没有说什么。世风日下，人心不古，使得兄弟之间相互不和睦，不念同胞手足之情，在家中内讧不已。唉，兄弟之间怎能不忍呢！

解读

古代强调孝悌，悌就是指要兄友弟恭。在这个大部分都是独生子的年代，兄弟之情可能比较少了，但所谓四海之内皆兄弟，那就好好对待身边的朋友吧。

案例

玄武门之变

俗话说血浓于水，讲的就是父子兄弟之间的亲情，可是兄弟反目成仇的例子在历史上也常常见到，这往往出于对权势的争夺。

唐朝初年，天下尚未大定，李渊称帝以后封长子李建成为太子，次子李世民为秦王，四子李元吉为齐王。 这三个人中李世民文韬武略，为大唐平定天下立下了汗马功劳，李建成因为是嫡长子才得以被封太子。而这点太子也是心知肚明，所以李建成就联合了齐王李元吉，允诺自己以后登基称帝就封他为皇太弟，希望能够联手排挤掉李世民。

当时的李渊新纳了很多嫔妃，并且生下一些小皇子，这些嫔妃想要巩固自己的地位意欲同成年皇子建立友好关系，而李建成、李元吉也急于得宠，就曲意奉承那些受宠的嫔妃，只有李世民正直不阿，从来不给那些为自己娘家人要地要官的嫔妃们一些好脸色，于是太子和齐王就联合嫔妃陷害李世民。

那个年代北方少数民族多次入侵，李渊不堪其扰打算迁都，李世民主战，说："不是因为我们在长安建都回纥人才一而再、再而三地进攻我大唐，从古至今哪朝哪代没有这样的事情呢？只要给我十年，我一定平定北方少数民族的入侵，以解我大唐之危。"这本来是造福社稷的好事，可是太子党羽诬陷李世民说："秦王世民哪里是为了扫除敌寇呢？不过是想借此机会一揽军权，好配合他称帝啊！"

此时的李渊还是很相信李世民的，而且国内并非四方太平，还需要李世民带兵出征以保大唐不受侵扰。太子等人就开始从清理李世民身边的辅臣开始，他们相继诬陷了尉迟恭、房玄龄、杜如晦等人，又一而再再而三地打算在暗地里置李世民于死地，终于在公元626年，李世民率领着自己的亲信在玄武门设伏，准备一举夺取政权。

李建成、李元吉当天进宫走到玄武门感觉到气氛不对，想要打马回转的

❶ 三子李元霸早在征战中去世。

时候已经来不及了，李元吉几箭射向李世民都没有射中，反倒是太子一下就被李世民射死了，李元吉骑马进宫要寻求李渊的庇护也被尉迟恭给拿下了，玄武门之变以李世民的完胜告终。

虽然后来李世民登基成为了历史上的明君唐太宗，可是他杀兄害弟的事实却总也不能抹杀，若太子齐王可以抛却自己的妒忌之心，李世民想来不会做出这样的事情吧！兄弟之间友爱相处才是人间正道啊！

原文

正家之道，始于夫妇。上承祭祀，不养父母。唯夫义而妇顺，乃起家而裕厚。《诗》有仳离之戒，《易》有反目之悔。鹿车共挽，桓氏不恃富而凌鲍宣；卖薪行歌，朱氏乃耻贫而弃买臣。噫，可不忍欤！（《劝忍百箴》）

译文

治家的正道，始于夫妇之道。夫妇对上应该承担对祖先的祭祀，对下应该孝敬父母。夫义而妻顺，家道才可以兴旺发达。《诗经》中有女子被丈夫抛弃而分开的劝诫，《易经》中有夫妻感情破裂反目成仇的懊悔例子。西汉的桓少君不倚仗自家的富有欺侮鲍宣，她嫁给鲍宣后，与丈夫一起挽着木车，访亲探友；西汉时的朱买臣曾背着柴边走边唱，他的妻子感到跟着朱买臣享受不到富贵，就离婚走了，后来朱买臣做了大官，其妻又后悔不已。

解读

夫妻之道是社会关系的根基。虽然古代有男尊女卑的劣点，但夫唱妇随、相敬如宾的观点还是值得提倡的。

案例

张敞画眉

《诗经·邶风·击鼓》中写道：“执子之手，与子偕老。”这讲的是夫妻间最想要得到的理想爱情啊！

张敞是西汉时候的大臣，他为人正直，赏罚分明，没有官架子。京兆尹是一个很不好做的官，因为要治理京城，而京城中不但有高官，还有皇亲国戚，一般人都不会做得很长，可是张敞担任京兆尹的时候重视惩奸除恶的同时，还能以儒家之道表彰贤良，每当商议朝中大事都能处理得当，无论是平民百姓还是朝中大臣都很佩服和仰慕他。

张敞和自己的妻子感情很好，相传张敞和妻子本是同乡，他小的时候在外玩耍，碰到了一个白胡子老头儿，老头儿手拿很多红色丝线，张敞问老爷爷红线做何而用，老爷爷说："我这红线是专门撮合人间良缘的。"张敞年少并不相信，顺口问道他将来的妻子是谁。老爷爷指着不远处一个摇篮，说里边躺着的小女娃儿就是他今后的妻子。小张敞不服气，偷偷拿石块扔中了女孩，女孩眼眉处流出了鲜血。后来张敞娶妻以后发现爱妻眉处少一块就问其原因，妻子据实以告，原来他的妻子正是当年被自己拿石块掷中的女娃儿。从此以后，张敞每天都会帮妻子画眉，并以此为乐。

张敞画眉的事情不知怎么就传到了皇帝耳朵中，有一次汉宣帝当着满朝文武大臣问张敞可有此事。张敞肯定地答道确有此事，并且说："我听说夫妻之间在家里的事情，有比这画眉更亲昵的了，我在朝廷为官，皇上您只需管我朝廷中的大事有没有做好也就是了，在闺房中给妻子画眉的事情怎么能在朝廷之上询问呢？"

汉宣帝不但没有生气，还为此把张敞夫妇两人作为了国家夫妻恩爱的典范。而后世也就将张敞画眉与韩寿偷香、相如窃玉、沈约瘦腰一起称为古代四大风流韵事，并流传至今了。

赵咏华有一首歌叫作《最浪漫的事》，其中这样写道：我能想到最浪漫的事，就是和你一起慢慢变老……张敞能够想到最浪漫的事就是能够一辈子给自己的妻子画眉，这样简单幸福的生活难道不是我们现实生活中所追求的爱情吗？

原文

为主为宾，无骄无谄；以礼始终，相孚肝胆。小夫量浅，挟财傲客，箪食豆羹，即见颜色。毛遂为下客，坐于十九人之末，而不知为耻；鹏举为贱官，馆于马坊，教诸奴子而不以为愧。广阳岂识其文章，平原不拟其成事。孙丞相延宾，而开东阁；郑司家爱客，而戒留门。醉烧列舰，而无怒于羊侃；收债焚券，而无恨于田文。杨政之劝马武，赵壹之哭羊陟。居今之世，此未有闻。噫，可不忍欤！（《劝忍百箴》）

译文

无论做主人还是做客人，既不能妄自尊大，也不要曲意奉承别人；自始至终以礼相待，这样才会肝胆相照，相互信任。气量狭小的人，傲慢待客，他们用筐子盛饭，用桶盛汤，傲慢的神情表露无遗。毛遂是平原君的一个不知名的门客，居于平原君文武食客十九人之后，而不认为有什么耻辱；温鹏举是下等食客，在广阳王的马坊中教书，温鹏举不认为有什么惭愧。如果温鹏举不写那篇碑文，广阳王怎么会知道他是一个大才子呢；平原君如果不用毛遂，那么他又怎能完成拯救赵国的大事啊。西汉公孙弘任宰相时，适逢汉武帝广招贤才图振国，于是就修了一所客馆，开辟了东阁房，招揽人才；汉武帝时当大司农的郑庄，也曾告诫门人，客人来后无论贵贱，都要挽留。羊侃并没有责怒酒醉失火而烧毁七十余艘船只的张儒才；田文对冯谖将债券焚毁也没有怨恨之言。杨政曾力劝马武要招揽人才；赵壹也因拜访羊陟而被赏识，很快名声大振。这些宾主之间的奇闻，如今很难见到了。唉，无论做客人还是做主人，怎能不忍耐呢！

解读

无论是做客人还是做主人，都要平等待人。不能因为是主人就趾高气扬，也不要因为是宾客，就四处屈从。

案例

客随主便

我们在与人交往的时候，一定要保持自己的气节，同时更要以礼相待，无论是做主人还是做客人都要遵循大的礼节。佛教典籍《六度集经·之裸国经》给我们讲述了这样一个故事。

在遥远的地方有一个被称为“裸国”的国度，那里的人们都是赤身裸体地来往于乡间，行走在大路，一次有兄弟两人经商到达此地，发现这里居然有这样的习俗。弟弟说：“有些地方的人们丰衣足食，所以才有机会接受道德的教化，有的地方人们则缺衣少粮，可能没有机会被道德熏陶。现在我们既然来到了裸国，就应该入乡随俗，融入到对方的习惯中去，否则不但生意做不成，就是交流起来也有很大困难啊！”

哥哥面对弟弟的主张不以为然，他说：“难道就因为这里的人们没有得到礼教的教化，我就要和他们一样放弃自己接受过的教化吗？”弟弟劝慰哥哥说：“这也并不是让我们放弃自己的道德教养啊，就像是在黄金的外边涂上了一层黄铜，难道它就不是黄金了吗？我们入乡随俗不过是尊重主人的习惯罢了，我们作为客人应当去忍耐这个地方的特色和礼数！”哥哥还是不愿意脱去衣衫，就让弟弟先行进裸国打探消息。

十天以后，弟弟回来告诉哥哥说要想去那个地方必须遵循当地的规则，哥哥听后勃然大怒，认为对方的习俗辱没了自己多年的礼教，偏偏要着衣到当地经商。结果可想而知——弟弟入乡随俗，遵循了当地的规矩，所以深得当地人民喜爱，就连国王也购买他的商品；而哥哥穿着衣服指手画脚，四处指责该国的礼仪制度，全国人民都很讨厌他，将他的商品一抢而空，并且将其赶出了自己的国度，要不是弟弟多次为其求情还险些招来杀身之祸。

而后哥哥对弟弟的态度极其恶劣，他认为自己之所以被裸国国民厌恶完全是因为弟弟的挑拨离间，并且发誓要世世代代与自己的弟弟势不两立。但是无论哥哥如何不善地对待自己的弟弟，弟弟却依旧敬重他，帮助他。

弟弟入乡随俗，善于柔和地忍受主人定下的习惯，哥哥却刚愎自用，以自己所谓的礼法去约束主人，最后得到了两种截然不同的后果。我们在与人交往的时候不管是为主还是做客，忍耐都是与人交往中至关重要的品质啊！

原文

人有十等，以贱事贵，耕樵为奴，织爨为婢。父母所生，皆有血气，谴督太苛，小人怨詈。陶公善遇，以嘱其子。阳城不嗔易酒自醉之奴，文烈不谴籴米逃奔之婢。二公之性难齐，元亮之可继。噫，可不忍欤！（《劝忍百箴》）

译文

人分为十等，卑贱的人侍奉高贵的人，耕田打柴的人是奴隶，织布烧饭的人是婢子。凡是父母所生的，都是有血气的人，对待奴婢过于苛刻了，那么就有人怨恨和咒骂你了。陶渊明当了县令后，告诫他的儿子要好好待他的仆人；唐代阳城也没有责怪将米换成酒而自斟自饮醉倒的奴仆；北魏房文烈也没有责打派去买米而趁机逃走的奴婢。陶渊明的教养可以继承，而阳城、房文烈两位性情与度量是难以企及的啊。唉，人对奴婢的过错怎能不忍呢！

解读

现在都在提倡人人平等，所以以上说的好像不大存在了，但现实还是有其对应的，比如老板和员工，老板对待员工就要待之以宽，不能加班还不给加班费等。

案例

宽以待人和严于律己

林则徐有一副名联流传至今："海纳百川，有容乃大；壁立千仞，无欲则刚。"这里讲的就是宽以待人。宽以待人是我们国家自古就有的传统美德，历史上有众多宽容别人的故事，这都给我们留下了深刻的感悟。

三国时期诸葛亮去世以后，蜀国任用蒋琬为宰相，当时有一个叫作杨戏的人不善言谈，即使是蒋琬和他说话，他也是不冷不淡的。于是就有小人在蒋琬面前说："你看那个杨戏，面对着宰相您的问话都不爱搭理，这可真傲慢啊！"蒋琬却说："人和人是不一样的，有的人表里不一，有些人表里如一。杨戏要是奉承我，那并非他内心所想，但是要是展现出对我的反对，那肯定是真的，由此可见，杨戏是一个真诚的人啊！"

当时有个官员叫杨敏，他曾经故意诋毁蒋琬说："蒋琬做事都不行，比起以前的这个大人那是差远了。"蒋琬不但没有治他的罪，自己还说："我确实是不如前人啊！"后来杨敏因为其他的罪过下狱，蒋琬又是秉公办理，并没有给已经下狱的杨敏穿小鞋。蒋琬处事的这种度量真是宽以待人，要不怎么说宰相肚里能撑船呢？

宽以待人和严于律己是紧密结合在一起的，我们伟大的总理周恩来在世时，就时刻严于律己，为后世树立了良好的榜样。周总理一生简朴，居住的地方实在是简陋至极，有一次趁周总理出差的时候，他的秘书请示后把周总理居住的地方翻新了，也不过是把地上的砖换成了地板，房间用油漆重新粉刷了一下，地毯也换成新的，即便是这样周总理回来认为秘书没有按照自己原来说的"正常维修"的标准去做。周总理的一生真可谓是"鞠躬尽瘁"，从来没有为自己设想过啊！

当今社会，我们一直讲究人人平等，尤其是身处高位之时更应注意人际之间的平等关系，如果你身在高位懂得严于律己的同时又能宽以待人，那么还会有谁说你的不是呢？

原文

古交有真金百炼而后不改其色，今交如暴流盈涸而不保朝夕。管鲍之知，穷达不移；范张之谊，生死不弃。淡全甘坏，先哲所戒；势贿谈量，易燠易凉。盖君子之交，其名为市。郈子迎谷臣之妻子至于分宅，到溉视西华之兄弟胡心不恻。指天誓不相负，反眼若不相识。噫，可不忍欤！（《*劝忍百箴*》）

译文

古人交友就像百炼真金一样，不改变它的真本色；而现代人交友，如同天下暴雨一样不长久。管仲和鲍叔牙相互了解的友谊，无论贫穷时还是显贵时都坚定不移；东汉范式和张劭的深厚友情，无论活着还是死后，都不会彼此抛弃。君子之间的交往平淡如水但能保持始终，小人之间的交往看起来像酒一样浓烈但却很容易毁坏，这是先哲告诫人们的。因权势而交友，或贿赂而结交，要么因谈吐相宜而相交，或因都有度量而结成朋友。他们之间要么热要么冷，变化不定。因此君子一旦交了朋友，就要长期维持并保护这种友谊；小人的交友则像生意人那样，生意做完了，友情也完了。谷臣被杀后，他的朋友郈成子就把谷臣的妻子儿女接到鲁国，并分出房子让他们居住；任昉死后，他的儿子西华等穷困潦倒，可是任昉从前的那些朋友，一个也没有来过。任昉的朋友到溉看到刘孝标愤而写下的《广绝交论》，还对刘孝标怀恨终身。平时，有些人结交时，指天发誓说不相互背叛，一旦遇到利害冲突，就反目成仇，形同陌路。唉，人对此怎能不忍呢！

解读

交友一定要建立在没有目的的基础上，如果是因为利益而相交，那这种友情是不牢固的。而且要想友情长久，还是需要互相包容。

案例

高山流水遇知音

20 世纪 80 年代我国香港有一位非常有名的歌手，叫谭咏麟，他在一首赞扬友情的歌曲《朋友》中唱道："你我那怕荆棘铺满路，替我解开心中的孤单，是谁明白我，情同两手一起开心一起悲伤。"是的，朋友之间的友情就是这样，就像百炼的真金一样，不会因为境遇、地位、利益改变它的真本色。

俞伯牙是春秋时期的楚国人，但是在晋国任职，他从小就喜欢音乐，曾经拜著名乐师成连为师，他在对大自然的欣赏中领悟了音乐真谛，所以演奏出来的音乐特别优美，可是俞伯牙却认为自己即使得到再多人的赞美始终没有找到那个真正懂得自己的人。

后来俞伯牙奉晋国国君的命令出使自己的母国——楚国，在八月十五，他到了汉阳江口，当晚他坐在船中，看到空中明月当空，于是琴兴大发弹奏了一曲又一曲，正当他沉浸在自己音乐中的时候，忽然看到岸边有一个樵夫打扮的人在那里听琴，俞伯牙大吃一惊，琴弦不慎断了一根。只听听琴的樵夫对俞伯牙说："我是路过的，听到您的琴声，觉得弹得太动听了，就听了一会儿。"俞伯牙见樵夫说懂得琴声，就问他："你知道我弹的是什么意思吗？"

那个樵夫说道："您弹的这把琴相传是当年的伏羲大帝所造的瑶琴，弹奏的曲子是孔子在赞美自己的弟子颜回，可惜到第四句的时候琴弦断了。"俞伯牙听后大喜，于是又抚琴弹奏了几曲。樵夫赞道："你这是高山流水之声啊！"俞伯牙听后惊喜万分，觉得终于找到了能听懂自己乐曲的知音人啊，于是他就问樵夫的名字，樵夫告诉他自己叫作钟子期。两人在月夜下相谈甚欢，并且结拜成为了兄弟，并且邀约明年中秋依然在此地相遇。

第二年中秋俞伯牙如约而至，可是没有等来钟子期，他向附近的百姓打听此人，一位老者告诉他说："钟子期得了重病已然去世，但是留下遗言，要家人将其坟墓修建在这汉阳江边上，因为他的兄弟八月十五的时候会来此为其抚琴。”俞伯牙听后十分悲痛，他找到钟子期的坟墓为其弹奏了一曲《高山流水》，就把心爱的瑶琴摔得粉碎了。

这两人之间的友情淳朴至真，感人至深，难怪后人写诗称赞道：

摔碎瑶琴凤尾寒，
子期不在与谁弹！
春风满面皆朋友，
欲觅知音难上难！

原文

子路问事君于孔子，孔子教以勿欺而犯。唐有魏徵，汉有汲黯。长君之恶其罪小，逢君之恶其罪大。张禹有腼于帝师之称，李绩何颜于废后之对？俯拾怒掷之奏札，力救就戮之绯袢。忠不避死，主耳忘身。一心可以事百君，百心不可以事一君。若景公之有晏子，乃是为社稷之臣。噫，可不忍欤！（《劝忍百箴》）

译文

子路问孔子怎样侍奉君主，孔子教导他不可欺骗君主而要敢于犯颜直谏。唐有魏徵，汉有汲黯这样的典范。顺从君主的过错，他的罪还比较小，如果自己去诱导怂恿君主犯错误，他的罪就很大了。西汉的张禹实有愧于皇帝老师的称号，李绩对他关于皇帝废立皇后问题的应对，又有什么颜面见人呢？弯腰拾起皇帝发怒掷在地上的奏折，全力挽救贤才的生命而不顾自己有杀头之罪。尽忠而不躲避死亡，为了君主，而不惜牺牲自己。一心一意侍奉许多君主；三心二意，朝秦暮楚，甚至难以侍奉一位君主。这就像晏子侍奉齐景公一样，他才是真正的国家重臣啊。唉，侍奉君主怎能不忍呢！

解读

伴君如伴虎，作为一个臣子既要保住自己，又要找时机规谏君主，所以为臣子难呀，时刻要忍呀。

案例

王翦请田

俗话说“伴君如伴虎”，皇上高高在上，很多时候判断事情都靠自己的喜好，如何能够在皇上面前确保自身安全呢？这是一门很高深的学问，我想王翦请田的故事可能会给我们一些启发。

战国末年，秦国和楚国之间又一次拉开阵势，秦王任命王翦为大将，蒙恬做副手，率领秦国60万大军出征，为了表示对此次战争必胜的决心，秦王特地亲自到灞上为众将士送行。王翦手拿酒杯向秦王央求道：“大王，我这里列了一张单子，上边都是咸阳的良田美宅，我希望出征之前，您能将这些赏赐于我啊！”秦王听到王翦的要求不由大笑：“将军为了寡人出生入死，难道我还会亏待你吗？”王翦回答道：“我是武官，按照咱们秦国的规定就算是有天大的功劳也不能封侯，所以趁着自己还有点用，向君王讨要一些东西，以便给后人留下些财产啊！”秦王听了王翦的话，觉得王翦善于打仗带兵，但是没有什么太高的人生追求。

王翦和蒙恬率领大军出发以后，王翦连续五次又派人向秦王要田地、宅院，就连自己的副将都看不下去了，他甚至当面嘲笑王翦：“将军总是管君王要这要那的，作为臣子是不是太过分了？”直到此时，王翦才对蒙恬说出实情：“我们大王一向多疑，不会特别信任咱们这些下属。这次大王将全国所有的军队都交给了咱二人，势必要起猜疑之心，现在我管大王要这些身外之物，无非是让大王觉得我胸无大志，只有这样他才放心啊！”蒙恬听了这样的话才恍然大悟。原来王翦不断地向秦王索要东西就是在安抚君王的心呢！

自古以来，君王最怕属下拥兵自重，否则也就不会有“狡兔死，走狗烹”的话流传至今了。君不见大汉初立，高祖刘邦是如何对待韩信的吗？君不见宋朝初年，太祖赵匡胤是怎样杯酒释兵权的吗？而故事中王翦这样大智若愚的方法实在值得我们学习啊！

原文

父生师教，然后成人。事师之道，同乎事亲。德公进粥林宗，三呵而不敢怒；定夫立侍伊川，雪深而不敢去。膏梁子弟，闾阎小儿，或恃父兄世禄之贵，或恃家有百金之资，厉声作色，辄谩其师。弟子之傲如此，其家之败可期。故张角以走教蔡京之子，此乃忠爱而报之。噫，可不忍欤！（《劝忍百箴》）

译文

父母生养自己，老师教育自己，这样才可使自己成为一个有用的人。侍奉老师的道理原则，同侍奉双亲一样。汉代陈国有个叫魏昭的小孩，熬粥进献给老师郭林宗，被老师斥责多次而不敢有怒气；宋代的游定夫恭敬地侍立在老师程颐的身旁，出门回家时，外面的雪已经积得很深了。官宦子弟、富家大户的后裔，有的靠父辈享受俸禄而显贵，有的依赖家庭的富裕，拜师时声音严厉，脸上露出怒色，动不动就不尊重他的老师。做弟子的如此傲慢无礼，他家的衰败也就指日可待了。宋代张角用走路来比喻教导宰相蔡京的孩子，这是怀着真正的忠爱之心来报答主人的恩惠啊。唉，人尊重老师怎能不忍呢！

解读

尊师重道是我们的优良传统，不尊敬老师怎能学会真本领呢，当然老师也要对学生爱护，不然怎么让学生尊敬呢。

案例

子贡尊师

中国历来讲究尊师重教，谭嗣同在其作品《浏阳算学馆增订章程》中说："为学莫重于尊师。"这讲的是师生之间的关系中，学生应当尊重老师，正像关汉卿所言——一日为师，终生为父。

子贡是孔子最得意的门生之一，巧舌善辩，长于经商，孔子称赞他是"瑚琏之器"[1]。子贡作为孔子的学生，对老师毕恭毕敬，留下了千古佳话供后人传颂。

有一次，鲁国的两个大夫叔孙、武叔在别人面前赞扬子贡，但是却贬低其老师孔子，子贡听后很是生气，他这样回答对方："让我们拿房子来做比吧！我老师孔子就像一个有十几丈高围墙的大宅子，里边富丽堂皇，但是一般人根本不可能透过那么高的围墙看到里边的装饰；而我就像是一个整齐的房屋，可是围墙却很矮，只有一般人的肩膀那么高，所以大家很容易就看到家里的装潢。你们看不到我老师的高贵品格是因为你们不能跨越那堵高墙啊！"后来，子贡又用星辰做了比喻，他说："我的老师孔子就像天上的太阳、月亮那样，光芒四射，那是人们根本不可能超越的啊！"

公元前479年孔子与世长辞，他的学生都十分悲伤，众子弟都为自己的老师服丧三年，唯独子贡在孔子的墓旁造了一座房子，并且为孔子服丧六年，才离开老师的坟墓。

有鉴于子贡对老师孔子的这种情感，后人就建立了三间房子，并且专门为子贡立了石碑，上面题字："子贡庐墓处。"而因为当年子贡在孔子墓地边上种的树叫作楷树，所以后来人就专门为子贡造了一个词——楷模，子贡就成为我国历史上尊师重教的第一人了。

《吕氏春秋·劝学》中说"事师之犹事父也"，我想子贡就做到了这一点吧！

[1] 瑚琏是古代用来祭祀用的器皿，现在拿来比喻人特别有才能，可以担当大任。

原文

同官为僚，《春秋》所敬；同寅协恭，《虞书》所命。生各天涯，仕为同列，如兄如弟，议论参决。国尔忘家，公尔忘私，心无贪竞，两无猜疑。言有可否，事有是非，少不如意，矛盾相持。幕中之辨人，以为叛；台中之评人，以为顺。昌黎此箴，足以劝惩。噫，可不忍欤！（《劝忍百箴》）

译文

在官府共同做事的人，《春秋》认为他们应相互尊敬；《虞书》认为他们应相互合作。同僚虽然来自不同的地方，如今同朝为官，要像兄弟一样亲密无间，共同参议朝政。为了国家的利益而忘却自家的利益，为了公事而忘记私利，思想上不贪求财物，这样做才不会被猜疑。话有可说和不可说之分，事情有正确与错误之别，稍微有一点不注意，就会产生矛盾。在官府中当众说谁好谁坏，人们会认为你居心不良；在闲谈时评论说人，反认为你有倾慕之心。韩昌黎这些箴言，足以劝诫人们怎样说话。唉，人对此怎能不忍呢！

解读

同事之间的关系，要以和为主。不能为了一些利益就产生矛盾，彼此暗处较劲，这样的结果只会两败俱伤。

案例

将相和

只有每个家庭成员相互之间和睦相处，家庭才能融洽，在单位中同样如此，只有同事之间相互友好相待，单位才能繁荣，朝廷也是这样，古代故事“将相和”讲的就是这个道理。

战国时候的秦、齐、楚、燕、韩、赵、魏在历史上称为“战国七雄”，战国后期秦国逐渐强大，还常常欺侮赵国，秦王听说赵国获得了绝世好玉——和氏璧，就前去索要，赵国的一个大臣推荐自己的手下人蔺相如到秦国去交涉。蔺相如到了秦国，凭着机智勇敢，不但力保和氏璧不失，还为赵国增光添彩，秦王看到蔺相如的才智就对赵国客气了不少，赵王也因此封蔺相如为“上卿”。

赵国当时的大将军叫廉颇，他认为自己占据现在的高位完全是自己在战场上英勇杀敌的结果，可是蔺相如却凭借口舌就取得了如此高的地位，这让他越想越有气，所以决定要当面给蔺相如难堪。

廉颇的这些话不知道怎么就传到蔺相如的耳朵里，蔺相如就吩咐自己的手下，一旦碰到廉颇或者其手下的人，一定要躲着点儿，千万不要和对方起争执。连他自己出门也是这样，一旦听到廉颇就在前边，就让手下躲着廉颇走。廉颇的手下因此得意扬扬，说蔺相如害怕大将军廉颇，这就让蔺相如的手下很是郁结，他们找到蔺相如问自己的主子是否怕了大将军。

蔺相如听了手下的说法不但不生气，反而问他们：“你们说大将军和秦王谁更厉害呢？”大家都说秦王厉害，蔺相如接着说：“我连秦王都不怕怎么会害怕大将军呢？现在秦国不来进攻我们赵国，那是因为我国文武百官众志成城啊，要是我们闹内讧，秦国必定出兵，到时候吃亏的是我们的老百姓啊！到底是国家要紧还是我个人的颜面要紧呢？”

蔺相如的话，后来又传到了大将军廉颇的耳中，廉颇发现自己的见识远不及蔺相如，就脱了上衣，自己背着荆条到蔺相如家里请求蔺相如惩罚自己。这就是成语“负荆请罪”的来历。从此以后，蔺廉两人一文一武，同心同德。

同事之间应当如蔺廉两人，一切以大局为重，要知道“皮之不在，毛将焉附”，若是失去了供我们依托的大环境，那我们该何去何从呢？

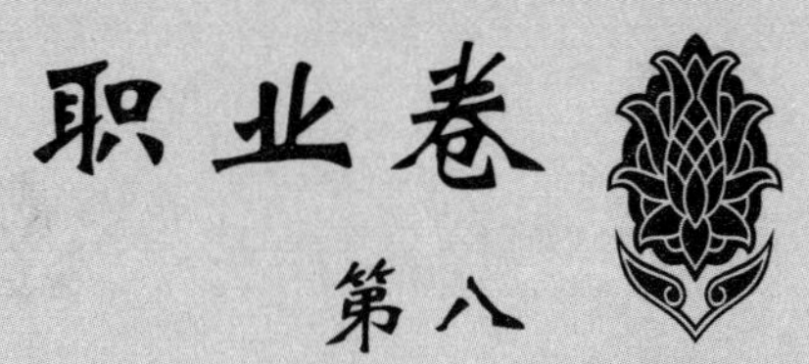

职业卷

第八

原文

峨冠博带而为士，当自拔于凡庸；喜怒笑嚬之易动，人已窥其浅中。故临大节而不可夺者，必无偏躁之气；见小利而易售者，生之斗筲之器。礼义以养其量，学问以充其智。不戚戚于贫贱，不汲汲于富贵。庶可以立天下之大功，成天下之大事。噫，可不忍欤！（《劝忍百箴》）

译文

戴着高大的帽子，佩带着宽大的玉带，这是士大夫的装饰，自然显示出超凡脱俗的仪表；喜欢嬉笑怒骂显形于色的人，旁人已经窥视到了他的内心。因此在生死关头不能夺其志向的人，一定没有偏躁之气；见一点小利就轻易出卖自己气节的人，只有斗筲那么大的器量，终究办不了大事。学习遵守礼仪在于培养人的气量，教人知识的目的，在于提高人的智慧。不在乎艰难困苦，也不去拼命追逐功名利禄。这样才可以成就大的功名和事业。唉，人对此怎能不忍耐呢！

解读

士相当于现在的知识分子，这里教导作为一个士要有气量、有智慧，不追逐名利，不怕任何困难，这样才能有所成就。

案例

荆轲刺秦王

余英时先生在《士与中国文化》一书中认为，知识分子在中国古代是一种很特殊的阶层，即为“士”。古人说“士为知己者死，女为悦己者容”。我们国家古代的士阶层的确是这样。

战国末年，秦王嬴政意欲一统天下，派人拆散了赵国和燕国的联盟，还占领了燕国的几座城池。燕太子丹原来是燕国在秦国的人质，看到当时的政治形势偷偷跑回故国，为了遏制秦国的进一步攻势，就破釜沉舟将天下的命运寄托在了当时的一类士人——刺客的身上。太子丹用全部的家当结交刺客，终于找到一个很有本事的人，这就是历史上大名鼎鼎的荆轲。

公元前230年，秦国的王翦大将军灭了韩国以后又一举攻下赵国，此时太子丹就请求荆轲去刺杀秦王。荆轲回答道：“您这么厚待我，我一定会去刺杀秦王，但是要想刺杀秦王必须有取得其信任的砝码。秦王早就想得到燕国督亢附近的土地了，您必须让我拿上该地的地图前去；第二，樊於期将军被秦王通缉很久了，所以我还希望带上樊於期的人头前去。”太子丹认为樊於期将军托庇于自己，不忍找其谈此事，荆轲就自己找到了樊於期，说：“将军，我有一个办法可以刺杀秦王，这样就可以帮您报仇了！”于是就告诉对方自己想借樊於期的头一用，樊於期很爽快地自杀将头借给了荆轲。

荆轲去刺杀秦王之前，太子丹为其准备了一把见血封喉的匕首。荆轲原来准备等待自己的副手高渐离来了共同前往，但是太子丹着急，于是带了一名叫秦舞阳的勇士前去刺秦，刺秦之前荆轲在易水唱下了那首有名的歌：“风萧萧兮易水寒，壮士一去兮不复还。”

嬴政听说荆轲将他心中所想的事物都带来了，就亲自在朝堂召见了荆轲，秦舞阳吓得脸色苍白，荆轲解释道：“粗野的乡下小子没见过大王这样威仪的人啊！”荆轲自己捧着樊於期的人头，手拿地图就走了上去。所谓“图尽匕首现”，当督亢地图全都打开的时候，荆轲将事先放在里边的匕首拿出来，拽住秦王的袖子就扎了过去。秦王使劲一拽，匕首只刺中了袖子。秦王的医生夏无且拿着药袋子扔向荆轲，荆轲一顿，秦王才有机会拿剑反抗。

当然，历史是不能改变的，秦王政逃过一劫，荆轲大义凛然丢掉了自己的性命，但是这种“士为知己者死”的慷慨精神却激励了后世。

原文

终岁勤勤，仰事俯畜，服田力穑，不避寒燠。水旱者，造化之不良，良农不因是而辍耕；稼穑者，勤劳之所有，厥子乃不知于父母。农之家一，而食粟之家六，苟惰农不昏于作劳，则家不给，而人不足。噫，可不忍欤！（《劝忍百箴》）

译文

老百姓致力于耕种田地，给他们田产，他们就整年辛辛苦苦地劳动，不避寒冷和炎热的天气，以期望能够养活父母、妻子和孩子。水涝和干旱是大自然气候不正常造成的，勤劳的农民不会因此而停止耕种；耕种庄稼，是勤劳农夫的本分，他们的子孙却不了解父母 收获庄稼的艰辛。种庄稼的只有农民，而吃粮食的却有士、农、工、商、释、道六家。假如农民懒惰追求安逸，不想辛勤耕田种地，就不能供给家中所用，连天下人吃饭的问题也难以保证了。作为农民，怎能容忍自己的懒惰呢？

解读

虽然现在的农业都实现了机械化，但是干农活还是很辛苦的。而且农业关系到所有人的生存问题，所以农民千万不能懒惰，即使再辛苦也得坚持。

案例

神农氏尝百草

我国自古就是农业大国，农业在国民生产中一直占有很重要的地位，我国古代也有很多关于农业生产的谚语，像大家都熟知的“九九歌”就是在农业实践中产生的。同时，我们在农业生产中还出现了植物学和医药学，传说中神农氏不但教大家以稼穑，更是后世的“药王”。

上古时候大地上生长着无数的植物，其中有百花杂草，也有粮食医药，可是人们连哪些可以吃都辨别不出来。当时的人们基本上过的是狩猎生活，但是随着人口的增加，飞禽走兽慢慢地不能满足于人们的生活需要了，这些都被神农氏看在眼里，他认为一要让百姓吃上可以有更新能力的粮食，二要让百姓得病以后可以得到医治。

百姓的疾苦深深震动了神农氏的心，他带着臣民爬到山顶，那里风光宜人，有各种不同的植物花菜，他派人守在四周为其预防猛兽，自己采摘植物，一个个放在嘴里亲自品尝，然后记下这种种植物的味道性质。原来神农氏是在通过个人的亲身经历给大家品尝百草，帮助老百姓们选择哪些是粮食，哪些是药材。为了方便进一步辨别植物，神农氏还派人在山上种植了高大乔木做城墙用以防止野兽入侵，还在乔木内层盖了茅草屋，方便他长期居住。

有一次，神农氏把一棵之前从没有见过的植物放到嘴里，忽然觉得自己一点力气都没有了，他的手下看到立刻着了急，可是神农氏的舌头发麻无法说话，只能艰难地举起手来，指了指前面的一棵红色的草，然后指了下自己的嘴。他的臣子将那棵红草放到神农氏的嘴里，神农氏解了所中之毒，这棵红色的草就是后世传说的能够解百毒的灵芝。

就这样，神农氏在不同的山上品尝百草，不但品尝出了五谷杂粮，还判断出来365种具有医疗功能的草药，并将其著成《神农本草经》。

正是有了神农氏面对生命危险时仍坚持不懈地品尝百草，我们现在才能吃上五谷杂粮，他为了天下苍生奋不顾身，其兼济天下的心可见一斑。也正因为此，后人才将“五谷先帝”“神农大帝”“药王”等神圣的称号都冠在神农氏的身上了。

原文

不善于斫，血指汗颜。巧匠旁观，缩手袖间。行年七十，老而斫轮，得心应手，虽子不传。百工居肆以成其事，犹君子学以致其道。学不精则窘于才，工不精则失于巧。国有尚方之作礼，有冬官之考阶，身宠而家温，贵技高而心小。噫，可不忍欤！（《劝忍百箴》）

译文

不善于砍木头的人，不仅弄破了手指，而且还累得汗流满面。能工巧匠却在一旁袖手旁观。七十岁了，老了还不得不砍车轮。砍车轮，快慢适中才会得心应手，这种技术即使是儿子也不能传授的啊。各行各业的工匠居住在店铺里才能够完成他们的工作，而君子只有通过学习才能明白世上的道理。因而，学习不精就会缺乏才干，工匠技术不熟练就缺乏技巧。国家有尚方这样的制造场所，有冬官来掌管工程制作的机构。自身受到恩宠而位于高职，家庭也有朝廷的丰富供给，这关键在于他们才能技巧的高超而又处处小心从事。唉，人怎能不学会忍耐呢！

解读

做工之人凭的是技术，但是技术不是一时就能学会的。要想练就高超的技术，需要受很多的苦和累，所以为工之人一定不能怕吃苦。

案例

巧圣先师鲁班

我国古代的手工业技术在全球都是领先的，明朝时期著名的科学家宋应星撰写了一部《天工开物》，这是我国古代最重要的一部工艺百科全书。但是要说起手工业的老祖宗，就不得不提巧圣先师鲁班了。

鲁班是春秋末、战国初期的鲁国人，当时他接受国君的命令要修建一座豪华的宫殿，古时修建宫殿必须用到大量木材，他和很多弟子每天早出晚归地拿斧子砍树，效率很低，依照这样的进度，很有可能耽误工期，这在那时候是要被杀头的。

这天，鲁班亲自上山去看砍树的进度，无意中抓住了一把野草，没想到这柔软的小草居然把自己的手给弄破了，他很奇怪就摘了一片叶子来观察，发现这些叶子两边长着很多小锯齿，正是这些锯齿把自己的手给划破了。紧接着，鲁班又看到很多蝗虫根本不怕这些草的锯齿，还吃得津津有味，就又抓了一只蝗虫来观察，他发现蝗虫的牙齿也排列了很多小细齿。

受到植物、动物的启发，鲁班就用竹子做成了带有锯齿的样子，从而出现了我国历史上第一把锯子。鲁班把用竹条做成的锯子拿来试着用了用，发现很快就能把一根木头锯断了，于是鲁班就把这项技艺运用到了砍树上。

但是问题很快就出现了，因为竹子质地比较软，锯树的时候很快就受到了磨损，没砍几棵就要更换锯条，这样就太费时间了，所以鲁班就把锯条换成了铁片，从此大大提高了锯树效率。其实，除了锯子外，像现在木工常用的曲尺、墨斗等全都是鲁班创造的。

由此可见，技艺高超的工匠可以通过辛勤的劳动在实践中发现问题，然后动脑筋想办法，只有这样才可以事半功倍，就像《庄子》中讲述的“庖丁解牛”的故事，庖丁正是因为通过不断地实践经验，在发现了事物的客观规律以后才能够“多快好省”地做好相应的事情。所以说，做工之人怎么能不练就高超的技术呢？

原文

商者，贩商，又曰商量。商贩则懋迁有无，商量则计较短长。用之缓急，价有低昂，不为折阅不市者。荀子谓之良贾，不与人争买卖之价者;《国策》谓之良商，何必鬻良而杂苦，效鲁人之晨饮其羊。古之善为货殖者，取人之所舍，缓人之所急，雍容待时，赢利十倍。陶朱氏积金，贩脂卖脯之鼎食，是皆大耐于计筹，不规小利于旦夕。噫，可不忍欤！（《劝忍百箴》）

译文

商、贩都是指贩卖商品的人，又叫作商略裁决。商人贸易货物，使老百姓互通有无，这样大家都能得到好处。要用的东西有轻重、缓急之分，它的价格也就有高有低，精明的商人并不因为货物卖出的价低而不进行交易。荀子认为高明的商人不与顾客争价;《国策》中说这样的精明商人不会将杂物掺进粮食里出售，也不像鲁国那个人一样，让羊喝足水，再牵出去卖。古代善于经商的人，往往收取别人所舍弃的东西，给人所急需的东西，平静从容地等待时机，以获得巨额的利润。越国大夫陶朱公范蠡积累了很多财富，也有人贩卖膏脂成为富商，有人通过卖酱而成鼎食之家，他们的成功都是耐心筹划、苦心经营的结果，而不斤斤计较眼前的小利。唉，人做生意也要善于忍耐，等待时机呀！

解读

不要以为商人都是奸的，其实他们也是很辛苦的。他们首先要有眼光，然后还要善于筹划、苦心经营，这样才有可能赚到利润。

案例

红顶商人胡雪岩

中国古代一直是重农轻商的，所以要想成为一名成功的商人是很不容易的，清朝后期的著名红顶商人胡雪岩正是其中的佼佼者。

胡雪岩是徽州府人氏，他不但是清朝著名的商人，更是企业家、政治家，但是胡雪岩并不是含着金汤匙出生的，他是从给人做学徒开始自己的从商之路的。

胡雪岩在钱庄做学徒期满成为了钱庄中的正式一员，后来因为当年的患难之交王有龄的帮助，使得其生意从钱庄逐渐拓展，胡雪岩更是在庚申之变中瞅准时机，处变不惊，将军界中的资金一一注入了自己的钱庄。后来，胡雪岩又和洋务运动的主要人物左宗棠交上了朋友，他协助左宗棠办企业，买机器，聘人员，左宗棠则帮助他控制了江南地区的商业市场。在左宗棠战备紧张的情况下，胡雪岩慷慨解囊，在三天内为其军队凑足了十万石粮食的军饷，从此以后又跟洋人做上了生意，可谓风生水起。

胡雪岩经商不但眼光准，下手快，更是具有极高的智慧。传说他的当铺中因为伙计眼拙，曾经用三百两银子收了一个假的“商代古董”，胡雪岩知道了并没有多说什么，反而命令下人通知城里所有的达官贵人择日一同鉴赏宝贝，谁知到了当天要展览的时候，当铺的伙计一激动把古董摔坏了，这件事传遍了大街小巷。第二天，当时来典当的人到当铺赎自己的古董，如果当铺拿不出来就索要双倍的金钱，胡雪岩收下银子，让管事的拿出了“古董”。原来胡雪岩特地用了这样的方法，将假的古董又物归原主了。

胡雪岩在晚清的确是叱咤商场，他是一位值得人们尊敬的好商人。胡雪岩为人仗义疏财，乐善好施，做出了很多义举，他在杭州创办了药号“庆余堂”，从来没有卖出过一剂质量稍差的药材，因此被称为“戒欺”和“真不二价”的典范代表。他自己出资请江南的名医研制出了诸葛行军散、八宝红灵丹，都无偿地赠给了当时受灾的百姓，还赠与了曾国藩等人的部队。当时的庆余堂可以说是和北京的“同仁堂”相并列的知名药馆。

由此可见，商人也有自己的生存法则：

一要有眼光；二要善抓机会；三需遇事不惊，要有大智慧；四是“戒欺”和“真不二价”。只有这样经过苦心经营商人才有可能成功啊！

原文

阃外之事，将军主之；专制轻敌，亦不敢违。卫青不斩裨将而归之天子，亚夫不出轻战而深沟高垒。军中不以为弱，公论亦称其美。延寿陈汤，兴师矫制，手斩郅支，威振万里，功赏未行，下狱几死。自古为将，贵于持重；两军对阵，戒于轻动。故司马懿忍于妇帻之遗，而犹有死诸葛之恐；孟明视忍于崤陵之败，而终致穆公之三用。噫，可不忍欤！（《劝忍百箴》）

译文

朝廷之外的事，由将帅去做主；但如果君主独断专行轻视敌人，将帅也不敢违抗命令。西汉大将卫青抗击匈奴屡建奇功，没有杀过副将，而是将失职的副将交由天子处罚；周亚夫在平定七国之乱中不按照圣命，而深挖沟道垒高墙，坚守不出，终于大败叛军。军队之中没有人认为他是懦弱害怕，反而都称赞他的用兵之道。甘延寿和陈汤，假借朝廷之命发动军队攻打匈奴，并亲手杀死了郅支单于，威名震动万里之地，两人分别被封为义成侯和关内侯。可是没过多久，陈汤就被告发而削去官爵，还一度进了监狱，最终客死他乡。自古做将帅的人，可贵的地方在于谨慎和稳重；敌我双方交战，力戒轻举妄动。所以三国司马懿能够忍受住诸葛亮送妇人衣服给他的羞辱，而对诸葛亮的死去惊恐万状，唯恐中计；孟明视也能够忍受住在崤陵之地多次失败的耻辱，励精图治，最终三次受到重用，大败晋军而不负秦穆公的厚望。唉，身为将帅怎能没有忍耐之心呢！

解读

在外的将帅有时很难做事，这就需要谨慎和忍耐，这样既会在前线打胜仗，也会使君主不猜疑；如果狂妄无理，即使打了胜仗，结局也会很悲惨。

案例

用人不疑

夫将者，国之辅也。辅周则国必强，辅隙则国必弱。故君之所以患于军者三：不知军之不可以进而谓之进，不知军之不可以退而谓之退，是谓縻军；不知三军之事而同三军之政，则军士惑矣；不知三军之权而同三军之任，则军士疑矣。三军既惑且疑，则诸侯之难至矣。是谓乱军引胜。

故知胜有五：知可以战与不可以战者胜，识众寡之用者胜，上下同欲者胜，以虞待不虞者胜，将能而君不御者胜。此五者，知胜之道也。故曰：知己知彼，百战不殆；不知彼而知己，一胜一负；不知彼不知己，每战必败。

太祖时，郭进的官职是西山巡检，有人密报说他暗地里和河东刘继元有交往，将来有可能造反。太祖听后大怒，认为他是诬害忠良之人，下令将他绑起来交给郭进，让郭进自己处置。郭进却没有杀他，对他说："如果你能帮我攻占河东刘继元的一城一寨，我不但赦免你的死罪，并且还能赏你一个官职。"这年末，这个人果然将刘继元的一个城诱降过来了。郭进将他的这件事上报给了朝廷，请求给他一官半职。太祖说："他曾经诬害我的忠良之臣，可以免掉他的死罪，给他官职却是不可能的。"命令还是将这个人交给郭进。郭进再次进言："如果皇上让我失信于人，那我以后怎么用人啊？"于是，太祖就给那人赏了一个官职。君臣之间也是应该守信的。

原文

昔人有言，能鼻吸三斗醇醋，乃可以为宰相。盖任大用者存乎才，为大臣者存乎量。丙吉不罪于醉污车茵，安世不诘于郎溺殿上。周公忍召公之不悦，仁杰受师德之包容。彦博不以弹灯笼锦而衔唐介，王旦不以罪倒用印而仇寇公。廊庙倚为镇重，身命可以令终。噫，可不忍欤！（《劝忍百箴》）

译文

过去有人说，如果能用鼻子吸三斗醇醋，那么此人就可以当宰相了。大概担当重任的人主要在于才能出众，做大臣的人主要在于器量过人。西汉丙吉当了宰相后，不怪罪车夫酒后在他的车里呕吐；西汉张安也不责备一男子醉后小便于殿上。周公能忍受召公的不高兴而诚意挽留他一道辅佐成王，娄师德也能容忍狄仁杰的不知推荐之德和轻视。文彦博也不因自己造了一金灯笼受到唐介的弹劾而怨恨他，王旦也不因寇准倒盖大印开除自己手下官吏而找机会报复他，反而向宋真宗推荐寇准。大凡以社稷为重的人，最终都有好的结局。唉，作为宰相，怎能不忍呢！

解读

俗话说，宰相肚子能撑船。为高官之人一定要有宽阔的胸怀，这样才能广揽天下英才，为我所用，人才来了，事情还怕做不成吗？

案例

张英的宽容和善妒的邹忌

人应当有度量，尤其是身在高位之人，若一个人心胸狭窄那么即便自己有再高的才华，也不会给人留下好的印象。

清朝康熙年间，安徽省桐城有一对邻居，一家姓张，一家姓吴，两家比邻而居。这年，吴家人决定重修自己家的宅院，但是他们在盖房的时候却越过了两家的界限，这引得张家非常生气，张家人就给自己家在京城为官的亲戚写了一封信，希望能够通过高层干预的方式让吴家罢手。

张家的这个亲戚叫张英，当时担任文华殿大学士兼礼部尚书，可以说是京中高官了，但是张英在收到亲戚的信以后并没有指责吴家人，只是在回信中写了一首诗："一纸书来只为墙，让他三尺又何妨？长城万里今犹在，不见当年秦始皇。"张家人看到张英的这首诗不由惭愧万分，这样的容人之量实在是自己不曾有过的啊！于是，他们就不再为难吴家人，自愿地让出了三尺地给对方。吴家人看到张家人如此大度，如此仁义，也在盖房子的时候退后了三尺，这就形成了当地有名的"六尺巷"胡同。

与张英的大度形成鲜明对比的是历史上那些斤斤计较的善妒之人，大家知道中学课本中学过的《邹忌讽齐王纳谏》的主人公邹忌能言善辩，有着很高的才华，但是却是一个善于嫉妒贤能的人。

之前我们曾经提到齐王重用田忌，在孙膑的帮助下取得了桂陵之战、马陵之战的胜利，田忌在齐国的声望日益增高，邹忌怕以田忌为代表的武官实力超越了以自己为首的文官实力，所以就极力地在齐王面前诋毁田忌，最后将相失和，田忌被迫逃到国外。不仅如此，邹忌还非常妒忌比自己长得好看的徐公，徐公本来只是一介平民，没有争权夺势的意愿，但是也不为邹忌所容，他采用借刀杀人的办法，设计将徐公杀死。

我们可以看到，张英以宽容之心待人，最终落下了美名。而邹忌虽然在政治上有自己的见解，主张革新，还在全国给齐王选拔不同的优秀人才，但是在权力面前却拿不起放不下，终究是一个小人啊！

韬略卷

第九

原文

子孺避权，明哲保身；杨李弄权，误国殄民。盖权之于物，利于君，不利于臣，利于分，不利于专。惟彼愚人，招权入己，炙手可热，其门如市，生杀予夺，目指气使，万夫胁息，不敢仰视。苍头庐儿，虎而加翅，一朝祸发，迅雷不及掩耳。李斯之黄犬谁牵，霍氏之赤族奚避？噫，可不忍欤！(《劝忍百箴》)

译文

西汉的张良把功名权力弃之不顾，为的是明哲保身；唐代的杨国忠和李林甫执掌大权后玩弄权术，以致误国殃民。权力这种东西对于君主有利，对于臣子不利，利于分散，不利于专制集权。只有那些愚蠢的人才会将权力争夺到自己手里，表面上看起来炙手可热，他们的门庭好像闹市一样热闹非凡，别人的生杀予夺大权由他们掌握。动不动就用眼色和脸色指使别人，就连万众见了都会屏住呼吸，不敢抬头观看。服侍人的仆从，为了加强势力就结党营私，这就好像老虎又添了翅膀，一旦祸事败露了，避也避不开而失去性命。李斯的黄狗由谁去牵呢？霍光的全族人躲到哪儿去呢？这些都是由于弄权而带来的祸患啊！唉，人怎能不忍受权力的欲望呢？

解读

人们大多都是看到了权力的好处，却没有看到它的坏处，权力是需要用命去搏的，有好的结局的没有几个人，还是不要权力欲太强方好。

案例

李斯被斩

大权在握时的豪情是很多人都非常羡慕的，但是多数人只看到了他们叱咤风云时的威武，却参不透权力背后的坏处。李斯是秦朝时期著名的政治家、文学家和书法家，他的前半生集权力富贵于一身，而后来却命丧黄泉，被斩于街市。

李斯早年学习了法家的观点，在秦国得到了吕不韦的赏识，从而有了接近秦王嬴政的机会，他对嬴政说："凡是有所作为的人都善于抓住机遇，现在秦国在大王的带领下如此强大，一定要抓住机会一统天下啊！"秦王采用了李斯的计策，首先到各国施行离间计，从而使得各国的君臣之间有了嫌隙，然后制定了先灭掉韩国，然后逐步吞噬其他国家的战略方针，这个方法取得了初步成效。但是，韩国为了避免自己首先被灭，就派了间谍到秦国鼓动秦王修建水利工程，以便耗费秦国的人力、物力和财力，后来这个计策败露了，嬴政很生气，就下令将秦国境内的"客"都驱逐出境。李斯同样也在被驱逐的人群中，他奋笔疾书写出了文学史上著名的论证文《谏逐客书》，秦王看完此文章以后明辨是非，将这些被驱赶的人又重新召集了回来。

可以说，李斯为秦始皇一统江山做出了极大的贡献，而他也深得嬴政的信任，被封为廷尉。后来秦始皇去世，赵高以更多的权力和富贵引诱了李斯，李斯就伙同赵高、胡亥两人伪造圣旨，逼死了秦始皇的长子扶苏，立了少子胡亥为新帝，这就是秦二世。

胡亥即位以后吃喝玩乐，不理朝政，还加大人民的徭役赋税，为自己修建阿房宫，当时全国百姓都生活在水深火热之中。李斯和右丞相等人多次上书，请求皇上造福百姓，停止修建大型的土木工程，这件事惹恼了胡亥。赵高怕李斯在朝中地位超过自己，他为了专权，更是在秦二世面前说了李斯很多坏话，甚至诬陷李斯及子因不满皇上已经开始密谋造反了。胡亥听后就更加生气了，于是在自己即位的第二年就将李斯关入了监狱。李斯在牢中不忍酷刑折磨，被迫承认谋反，最后被腰斩于咸阳城的街市上，还祸及三族。

李斯的前半生深受皇上信任，位极人臣，但是这样他还不满足，居然在赵高"权力""富贵"的引诱下背叛了自己的良心，最后落得这样的下场，看来这位深谙法家治国之道的政治家还是看不透权力这把双刃剑啊！

原文

迅风驾舟，千里不息；纵帆不收，载胥及溺。夫人之得势也，天可梯而上；及其失势也，一落地千丈。朝荣夕悴，变在反掌。炎炎者灭，隆隆者绝。观雷观火，为盈为实，实天收其声，地藏其热。高明之家，鬼瞰其室。噫，可不忍欤！（《劝忍百箴》）

译文

凭借着风势驾驶船只，可以行程千里而不停止；但如果放纵风帆而不收住，就一定会有翻船被淹死的灾难。人若是得势了，好像上天都有了阶梯一样；等到他失势的时候，就会一落千丈了。早上还荣华富贵，晚上就有可能变得憔悴不堪，这其中的变化真如手掌翻覆那样迅速啊。不管多么熊熊燃烧的大火，终究有熄灭的时候；不管多么轰隆震天的声音，最后也都会消失。看那天空中的打雷和火光，又响亮又实在，但很短暂，天就收去了它的声音，地就藏起了它的能量。地位高的人家，鬼神都在时时刻刻窥视着他家的屋子。唉，得势与失势如此变化不定，人怎能不学会忍耐呢？

解读

每个人都想得势，使人生一帆风顺。但是势这个东西是很不牢固的，有得势就有失势，得势时要懂得谦恭，失势时也不要气馁，它们是相互转化的。

案例

邓小平三起三落

人生在世并不是一直都风生水起的，在我们经历失势的时候一定不能气馁，只有这样才能有一番作为。提出改革开放政策，带领我们走上小康之路的邓小平的一生就是这样，我们在他“三起三落”的传奇经历中一定会有很深的感触。

第一次的“落”发生在20世纪30年代，邓小平担任中央苏区省委宣传部的部长，因为受到当时中央“左”势力的影响，邓小平被撤职，并且遭受到了“最严重警告”的处分，简单的来说就是从一个省级干部被贬为了普通科长。

第二次的“落”是文革刚刚开始的时候，邓小平时任党中央书记处总书记、国务院副总理，这时其身份比上次还高，但是受到的打压也更大，他多次被指责，并被扣上了“党内第二号走资本主义道路的当权派”的帽子。林彪发布了一个所谓的“一号令”以后，65岁的邓小平被发配至江西的一个拖拉机修造厂进行劳动改造，其身份从国家副总理一下变成了一名普通工人。

第三次的“落”发生在文革后期，由于工作需要，邓小平又一次出任中共中央副主席、国务院副总理。1976年周总理逝世，天安门广场聚集了很多的老百姓自发悼念周总理，邓小平就被指责为“天安门反革命事件”的“总后台”，这次对他的处分是保留党籍，以观后效。

我们可以看到，邓小平一生中经历了这样三次巨大的政治打击，每一次都有泰山压顶之势，可是面对这惊心动魄的生活，邓小平显示出了与众不同的人格精神。他既没有像有的人那样，受到批评就一蹶不振；也没有像有的人那样，受到打压就得过且过；还没有像有的人那样，处于低潮就精神崩溃；更没有像有的人那样，受到处分就看风使舵。

面对这所有的挫折和打击，邓小平都保持自己的坦荡胸怀，坚持自己的理念思想，他毫不气馁，从未退缩，他乐观处之，为国忧心。三“落”背后的三“起”，邓小平都做出了重大的正确的政治决策。一起的遵义会议中，他为重新确立毛泽东的领导地位做出了一定贡献；二起之后经过自己的努力，尽可能地扭转文革的部分错误；三起之后，更是开辟了改革开放的新的历史时期。

邓小平自己曾经如此风趣地形容自己的起落："如果有政治上的奥林匹克奖，我很有可能获得金牌。"的确如此，在人生的赛场上，每个人都不是天生的冠军，邓小平一生中的经历以及其面对起落的智慧、意志都给予我们很深刻的启迪。

原文

水太清则无鱼，人太察则无徒。瑾瑜匿瑕，川泽纳污。其政察察，其民缺缺，老子此言，可以为效法。苛政不亲，烦苦伤恩，虽出鄙语，薛宣上乘。称柴而爨，数米而炊，擘肌折骨，如此用之，亲戚叛之。古之君子，于有过中求无过，所以天下无怨恶；今之君子，于无过中求有过，使民手足无所措。噫，可不忍欤！（《劝忍百箴》）

译文

水太清了就不会有鱼，人如果太仔细认真了就不会有朋友。瑾瑜这样的玉里都藏匿瑕疵，大河里也可以容纳污泥。政治上太严厉，那么老百姓就会抱怨，老子说的这句话，值得后人效法。政治太苛刻繁杂，统治者与被统治者之间就不和睦；太琐碎劳累，就会失去人民的拥护；这虽然是西汉时期的一句俗语，但薛宣给汉成帝的上书却引用了它。称柴烧火，数米做饭，掰开皮肉折磨别人的骨头，如此这样一丝不苟、吹毛求疵地待人行事，最后必会落得个众叛亲离。古代的君子，对待别人的态度是在错误中找出不错的地方，所以，天下的人没有怨恨；今天的所谓君子，是在没有错误的人身上寻找缺点，使得人民手足无措。唉，人怎能不忍耐呢！

解读

我们民族的基因里有种模糊处世的方法，如果什么都要求特别精确，那事情反而会越来越不好做，也得不到想要的结局，所以要学会在混沌中找到做事的原则。

案例

孔子的中庸之道

中庸之道是儒家思想中一个很重要的内容，它体现了儒家为人处世的智慧，简单来讲，中就是不走极端，庸就是不高调为人，只有这样你才能在大千世界中风生水起。自古至今，将中庸之道运用到极致的人非孔子莫属了。

一次，孔子的学生子贡问孔子说："我的师兄弟中有两个人，一个叫作子张，一个叫作子夏，这两个人谁的水平更高呢？"孔子回答道："子张做事有些过，子夏做事达不到。"孔子想要表达的意思就是"过"和"不及"同样不好，其言外之意就是只有"中"，也就是恰到好处才好啊！所以记载在《论语·雍也》中说："质胜文则野，文胜质则史。文质彬彬，然后君子。"他的意思是说，一个人在质朴的同时还要有修养，只有两者之间找到一个平衡点，那么这才是君子啊！

那么对于自己的处世孔子又是怎样的呢？用他的原话就是"以直报怨，以德报德"。后半句很容易理解，那就是当别人给了我恩惠的时候，我也要用相同的恩惠报答他，那么前半句呢？首先，孔子不讲究在与人交往的过程中"以德报怨"，他在回答别人问的"以德报怨，何如？"的时候反问对方"何以报德"，这就说明当别人对自己有仇怨的时候，我们没有必要用高尚的恩德、情操去感染对方，我们所能做的是"以直报怨"。也就是说我们应该能走就走，能躲就躲。所以人生在世，当我们面对不同的境遇的时候，也就是能出仕就出仕，不能出仕选择隐居也没有什么不好的。

的确是这样，孔子从其55岁开始，因为对鲁国国君有了深刻的认识，所以带着自己的弟子们周游列国，在路上既有七天不曾吃到过粮食的厄运，也有被楚国军队迎接的威风，可是这都不能让孔子伤心和欣喜，而这些不都说明了孔子中庸的处世哲学吗？

三国时期，曹操每次出征回来都会带一些战利品，当时他刚刚扶正了卞夫人，就拿一些首饰给她，卞夫人每次都挑选一个中等价值的首饰，曹操问她原因，卞夫人说："挑选了最好的说明我贪婪，挑选最差的说明我虚伪，所以我才取中等的首饰啊！"可见，卞夫人也是深谙中庸之道的呢，这种模糊处世的方法的确会给我们带来很多的启示！

原文

物之具形色，能饮食者，均有识知，其生也乐，其死也悲。鸟俯而啄，仰而四顾，一弹飞来，应手而仆。牛舐其犊，爱深母子，牵就庖厨，觳觫畏死。蓬莱谢恩之雀，白玉四环汉川。报德之蛇，明珠一寸。勿谓羽鳞之微，生不知恩，死不知怨。仁人君子，折旋蚁封，彼虽至微，惜命一同。伤猿，细故也，而部伍被黜于桓温；放麑，违命也，而西巴见赏于孟孙。胡为朝割而暮烹，重口腹而轻物命？礼有无故不杀之戒，轲书有闻声不忍食之警。噫，可不忍欤！（《劝忍百箴》）

译文

天地中的万物都是具有形体和颜色的，能够吃喝的，且都有知觉，因此，它们活着就很快乐，面对死亡就会十分悲哀。鸟儿低头啄着食物，抬头四面看看，一颗弹丸飞来，就应声倒地了。老牛用舌头舔着小牛，是老牛爱惜它的孩子。将牛牵去宰杀吃肉，它也会恐惧而怕死。后汉杨宝救了一只黄雀，为了感恩，黄雀用白环四枚来报答他，保佑他家四代做高官。楚国的隋侯救了一条蛇的性命，蛇为了感谢他，用口含着一颗直径一寸多的珠宝来报答他。不要以为飞禽鱼龙一类的小动物，救活它们而不知报答，死了也不会怨恨。具有仁慈心肠的君子，像晋代的王湛，曾纵马飞奔，遇到蚂蚁很多的地方都绕道而行。它们虽然极其微不足道，可同样很爱惜自己的生命。晋朝人桓温的部队中有人抓到一只小猿，母猿悲号不肯离去以至肝肠寸断，桓温听到后，非常生气，于是罚了抓猿的人。秦西巴放掉了孟孙赠送的一只小鹿，这虽违抗了命令，但他的仁慈之心最终得到了孟孙的赏识。为什么早上宰割晚上就煮吃动物，看重饮食而轻视动物的生命呢？《礼记》中有无缘无故不杀动物的劝告，《孟子》中也有听到动物临死前的哀号而不忍心吃它的警诫。唉，人怎能不忍耐杀生之心呢？

解读

古人讲君子有好生之德，上面举了很多人与飞禽走兽的故事，这些故事告诉我们要与它们和谐共事，这在当下与自然共生的理论是一样的，十分具有现实意义。

案例

猿猴报恩

唐代诗人张志和有一首著名的《渔歌子》，写道：“西塞山前白鹭飞，桃花流水鳜鱼肥。青箬笠，绿蓑衣，斜风细雨不须归。”这写出了人和大自然之间的和谐之景。在我国历史上有很多故事讲的就是人和动物之间的亲和相处。

传说康熙年间有一个著名的外科医生吴先生，在他的人生中就碰到了一件这样奇异的事情。有一天，吴大夫出诊结束准备回家，路经一座高山，忽然跑来数十只猴子围住他不让他前行，紧接着跑来了两只大一点的猴子，其中一只直接把他的药箱给抢了下来，众猴子簇拥着他走向一个石洞中。

石洞甚是隐蔽，里边还有石头垒成的桌子凳子，桌子上放着一些瓜果，走进深处，吴大夫看到一个硕大的老猿猴躺在床上，用期盼的目光望着自己，然后用手指了指自己的腰间。吴大夫顺着猿猴的手指望去，看到老猿腰上长了一个大疮，于是动手术帮其处理掉了。全洞的猴子都很开心，纷纷向医师致谢。

吴大夫离开的时候，老猿猴派人取来两块石头送给他用来感谢，可是途中吴医生嫌石头太沉背着不方便，在途中就顺手扔进了旁边的河中，没想到这条河马上就干涸了，他这才知道猿猴为了报答他的恩情送给了他两块神石啊，可是当他想要再拿回来的时候，石头早已不见了。不过，当地往年经常洪水泛滥，从此以后再也没有发过洪水了。

猿猴尚且知情，可是有的人却那么无情。晋朝时候有一个将军叫作桓温，他攻打汉国的时候需要坐船从三峡过，当时他手下有一人抓了一只小猿猴想当作宠物来养，可是母猿伤心悲痛，一路上顺着江岸追逐，边追边叫，声音就好像女子在哭。这一追就是一百多里路，后来母猿终于跳到船上，但是它在看到孩子的那一瞬间居然死去了。后来有人好奇就剖开母猿的肚子，发现它的肠子已经断成一截截的了，想来这就是肝肠寸断吧！

我们可以看到，动物之情不亚于人心，所以人与自然应当和谐相处，只有这样才有可能保持可持续性发展！

原文

顾大体者，不区区于小节；顾大事者，不屑屑于细故。视大圭者，不察察于微玷；得大木者，不怏怏于末蠹。以玷弃圭，则天下无全玉，以蠹废材，是天下无全木。苟变干城之将，岂以二卵而见麾；陈平而奇之智，不以盗嫂而见疑。智伯发愤于庖亡一炙，其身之亡而弗思；邯郸子瞋目于园失一桃，其国之失而不知。争刀锥之末而致讼者，市人之小器；委四万斤金而不问者，万乘之大志。故相马失之瘦，必不得千里之骥；取士失之贫，则不得百里奚之智。噫，可不忍欤！（《劝忍百箴》）

译文

成就大功业的人，不考虑琐碎的小节；干大事的人，也不会计较小事情。想得到美玉的人，决不会计较白玉上微小的斑点；欲得到好木头的人，决不因木材尾部有一点被虫蛀而不高兴。如因美玉上有微小斑点就舍弃美玉，那么天下也就没有纯净的玉；如因木材被虫蛀了一点就废弃它，那么天下也就没有完好的木材。苟变是大将之才，怎能因人当小官时吃了人家两个鸡蛋而不录用呢；西汉陈平帮助汉高祖打天下，平定内敌，出了许多计谋，汉高祖也没有因为别人说陈平在家里和嫂子有不正当关系而不重用他。智伯这个人，厨房里的人拿走了一筐肉，他马上就知道了，而韩国和魏国将要造反，自己将要灭亡这样的大事却毫无所知；邯郸子这个人，果园里丢失了一个桃子，他马上就觉察到了，而他的国家快要灭亡了这样的大事却不知道。细枝末节的事情都要发生争执，这是一般人的器量；刘邦给陈平四万斤黄金，却从没问过金子的使用情况，这是有大志的人的胸怀。所以选马如嫌马瘦就难以得到千里马；选取人才，由于人穷而被忽略，就不能选到像百里奚那样的人才。唉，人在一些细节问题上怎能不忍呢?

解读

要想成就大事，就不能在细节末节的小事上较真，因为这样只会看到局部，而看不到整体。斤斤计较的人也不会有太多的朋友，没有朋友帮助，又何谈大事。

案例

楚庄王令将摘缨

常言道“成大事者不拘小节”，这说的是想要成就大的功业，不要在一些小事情上叨扰，否则就会丢了西瓜捡了芝麻。

春秋时期自从齐桓公会聚诸侯以后，宋襄公、晋文公、秦穆公和楚庄王相继称霸，这些称雄之人之所以能够在当时混乱的天下局势中脱颖而出，有很大一部分原因就在于他们都有着过人之处。齐桓公宽宏大量任用管仲，宋襄公仁义治国邀约诸侯，晋文公流亡数年胸怀大志，秦穆公励精图治善于用人，而楚庄王则不拘小节重视大臣。

楚庄王曾经宴请群臣，当时正值夜晚时分，君臣把酒畅饮甚是高兴，忽然一阵大风吹了过来，整个大殿上的蜡烛瞬间全部熄灭了。当时楚庄王的爱妃也在场，只听得那名妃子大喊一声。原来，酒过三巡，有一武将借着酒胆意欲调戏楚庄王的妃子许姬，这个妃子反应也很灵敏，顺手拽下武官头盔上的红缨。许姬请求楚庄王赶紧派人点上蜡烛，看谁头盔上的红缨失去，就对谁严加惩罚。谁料楚庄王并没有照着自己妃子的建议去做，他命令下人先不要点灯，然后说:“我设宴请大家前来就是为了尽欢，现在为了大家毫无顾忌地开怀畅饮，所有的武将就都除掉自己的红缨吧！”

这件事过了三年以后，楚国和晋国之间开战，当时楚庄王亲自率军作战。有一个大臣出生入死，冲锋在前，曾经五次和晋军交锋并且战胜了对手。楚庄王看到此人如此神勇就问他:“我何德何能啊，居然让你这样一位从来都没有被我厚待过的臣子为我如此舍命打仗啊！”那个大臣叩首说道：“大王已经很厚待我了！三年前我在宫中喝酒之时曾经失了礼仪冒犯了许姬，要不是您宽宏大量我早就性命不保了。唯一能够报答您的就是现在战场上奋勇作战，拿我的一腔热血来报答你啊！”正是这位将军的浴血奋战，楚国最终大败晋国，而楚庄王也逐渐确立了其霸主地位。

调戏国君的妻子是很严重的罪过，楚庄王大人有大量，知道这是手下酒后才做出的愚蠢行为，所以并不会在这些小事上斤斤计较，他的大度换来的是臣子的舍命相报。对比而言，一个做大事的人怎么会在琐碎的小事上放过多的心思呢！

原文

智以智取，智不及则乖。愚以愚胜，愚有余则逮。智或难为，愚则克之，得无人者皆愚乎？（《守弱学》）

译文

智者用其智计作为取胜之道，智计有失就会事与愿违。愚人用其愚笨作为胜利之法，愚笨十足就能达到目的。智计有的难以做到的事，愚笨却可以解决它，这恐怕是人们都是愚人的缘故吧。

解读

历史上的许多成功者，他们并不聪明，相反却愚笨十足。正因为其愚笨，他们不投机取巧，韧劲不懈，十分执着，在许多聪明人看似的畏途上，硬生杀出一条血路。其实，成功更偏爱愚人，成功最需要一种心无杂念的傻劲。

案例

梅兰芳勤能补拙

一个人的成功有很多因素，但是最主要的是人自己内因在起作用，其中最重要的就是勤奋。民国时期我国京剧四大花旦之一的梅兰芳曾经说：“我是个笨拙的学艺者，没有充分的天才，全凭苦学。”

的确如此，当年梅兰芳去拜师，希望能够学得唱戏的技巧，老师看到他之后说:“你不适合学习，因为你的眼睛灰暗，呆滞，这样的眼睛是不能学戏的。”虽然他的先天条件不好，但是梅兰芳并没有气馁，他想办法练就一双脉脉含情的眼睛。梅兰芳养了一些鸽子，每天放鸽子飞向蓝天的时候，他就抬头看天，鸽子飞到哪里，他的眼睛就看到哪里。后来梅兰芳又开始养鱼，透过清澈的水看水底遨游的鱼儿，鱼儿游到哪里，他的眼睛就跟到哪里。日复一日，年复一年，梅兰芳练就了一双炯炯有神的眼睛。当他表演《贵妃醉酒》的时候，戏迷朋友们正是透过他的眼睛看到了活灵活现的古代美女杨贵妃。

梅兰芳虽然没有先天的好的条件，但是通过自己的勤奋努力终于成为了一代京剧艺术表演家。1919年，他还东渡到了日本的帝国剧场，出演了《贵妃醉酒》，其传神的表演让日本人深深记住了这位伟大的艺术家。10年以后，也就是1929年他又一次远渡重洋去了大洋彼岸的美国，当时美国正处于经济大萧条的时期，即使这样，当地人还是花6美元买票去观看梅兰芳的精彩表演。甚至有一位富豪，因为太喜爱梅兰芳了，就在自己家的花园种植了36棵梅花以纪念梅兰芳在36岁的时候赴美演唱，并且将自己的花园改了个名字，叫作“梅兰芳花园”。可以说，20世纪30年代初的美国人只听说过三个中国人的名字，一个是民国政府的当权者蒋介石，一个是学术界的泰山北斗胡适，再有一个就是用自己的艺术抒写生命的梅兰芳了。

正如梅兰芳的故事告诉我们的，勤奋是每个人都应具有的高尚品质，我国前总理朱镕基先生曾经在一次答记者问中说:“关于我本人，除了我确实是在埋头苦干以外，我没有什么优点，我不希望别人学习我。”其实，埋头苦干就是勤奋，这难道还不是一个人一生中最重要的优点吗?

原文

上不忌愚，忌异志也。下不容诈，容有诚也。上明而下愚，危亦安。下聪而上昏，运必尽。言智者莫畏，畏言愚也。(《守弱学》)

译文

当权者不忌惮愚人，而忌惮不忠的人。地位低的人不容纳奸诈之人，而容纳有诚信的人。上司精明下属愚笨，虽然危险但可以平安脱困。下属聪明上司昏庸，好运一定会完结。说自己聪明的人不要怕他，要怕说自己愚笨的人。

解读

大智若愚， 定要提防这样的人，特别是领导，这样的人往往是破坏自己计划的人，因为他们太不引人注意了，所以也就是最危险的人。

案例

姚广孝大智若愚

人总是不喜欢说自己愚笨，而希望自己是那个聪明的人，但是真正聪明的人经常是大智若愚的，比方说生于元末明初的黑衣宰相姚广孝。

姚广孝和我国历史上一般的宰相不一样，他 14 岁的时候因为生计问题出家当了和尚，当时的法号为道衍。但是姚广孝和一般的和尚也不一样，他从来不吃斋念佛，反而向一个叫作席应真的道士学习阴阳术，还四处读书写文。刚开始，姚广孝并没有什么大的出息，甚至连饭都吃不饱，所以他就寄情山水。有一次，姚广孝游历到了嵩山，碰到了当时有名的相士袁珙，袁珙看到姚广孝的面相大为惊讶，说他一定是一个元朝刘秉忠[1]似的人物。姚广孝听后极为开心，因为这正好和自己的远大理想一致。

在姚广孝50岁的时候，他入燕王朱棣的幕僚，一见燕王就对其说："我将送您一顶白帽子。"所谓王上有白是为"皇"，这正中朱棣下怀，从此以后姚广孝就开始帮助燕王称帝。朱元璋去世以后，皇太孙建文帝即位，当时建文帝采用新政要削藩，本来燕王还在犹豫之中，这回皇上触及到了自己的利益，朱棣毅然根据姚广孝的策略发动了"靖难之变"，而此时年已64的姚广孝开始了自己真正的政治生涯。

朱棣最后登上了皇位，作为大功臣的姚广孝可谓劳苦功高，朱棣为了感谢他，封其为宰相并且责令他还俗。但是姚广孝并没有按照朱棣的要求做，他白天穿上朝服上朝办公，晚上回到庙里换上袈裟。皇上对姚广孝极为器重，称之为"少师"，在他病重之时，皇上亲自到其居住的寺庙中探望他，病逝以后，皇上两日不早朝，是为纪念，还亲自写碑文赞扬其功绩。

姚广孝在朱棣的一生中起了很重要的作用，但是他并没有倚老卖老，也没有在乎皇上给予他的高官厚禄、富贵地位，这正是大智若愚的表现啊！古代鸟尽弓藏的例子数不胜数，姚广孝此举不但使得自己的人生抱负得以实现，还留得美名于后世。

---

[1] 刘秉忠是帮助忽必烈南征北战建立元朝的人。

原文

尊者未必强，名实弗契也。霸者存其弱，胜败无常焉。弱不称尊，称必害。强勿逾礼，逾则寇。

译文

地位高的人不一定是强者，名声和实际不是契合的。称霸的人也有他的弱点，胜败没有固定的规律。弱者不能自称尊贵，自称尊贵一定会受到伤害。强者不能超越礼法，超越礼法就是贼寇了。

解读

不要把在上位的人都看成是有本事的人，其实他们当中也有很多无能之人，可以想方法试探一下。另外，真正强的人要守礼法，否则结局一定悲惨。

案例

周亚夫之死

所谓血气方刚，很多有真才实学的人经常觉得自己生不逢时或者没有遇到好的机遇，所以总是强势出头，甚至超越礼法，结果都落得了悲惨的结局。

西汉时候的大将周亚夫用兵如神，前期保障了大汉不被匈奴入侵，后来又平叛七国之乱有功，可谓有真才实学，但是他脾气不好，恃才自傲，最后落了个被饿死的可怜下场。

汉景帝时期，窦太后让皇上封皇后的哥哥为侯，汉景帝就询问时任宰相周亚夫的意见，周亚夫说刘邦建汉的时候有规定，不能封非刘姓的人为王，不能封没有功劳的人为侯，如果现在封了没有功劳的皇后的哥哥就是违背了祖制。

后来匈奴王等5个人有感于汉朝的威仪主动归顺，汉景帝又很高兴就决定封这几个人为侯，用来彰显大汉天威，从而吸引别的人也可以主动归顺，但是周亚夫又拿祖制来劝皇上，并且说了很难听的话，皇上这次没有听从他的主张，周亚夫居然给皇上使性子，说自己身体不好想要辞职，没想到皇上很痛快地答应了他的要求。

汉景帝感念于周亚夫的军功就把他召进宫中设宴款待，借以观察他是否改了之前的臭脾气，所以故意没有在他面前放筷子。周亚夫就很生气地找管事要筷子，皇上笑道："这还不能让你满足吗？"周亚夫站起来心不甘情不愿地给皇上谢罪，还没等皇上把别的话说完，他就站了起来自己走了。

这件事情没有过多久，周亚夫的儿子偷偷买了一些国家的禁忌品准备他去世以后使用，却不料被人告发了，皇上很生气找人审问他，此时的周亚夫是真的不知道儿子犯了什么错，就对主审官据实以告，主审官将事情告诉皇上，大家一致认为周亚夫还在故意生气，所以就治了他的罪。周亚夫觉得自己受到了莫大的屈辱就在狱中绝食抗议，后来饿死了。

周亚夫是汉景帝时期具有真才实学的大将军、丞相，可是他办事的时候却总要凌驾于礼法之上，在皇上面前说话、做事也丝毫不留任何余地，他的人生走向可以说是咎由自取了。

人们常说"花要半开，酒要半醉"，的确是这样，鲜花盛开的时候无疑是其真正娇美的时刻，但是这时候离花谢也就不远了啊，所以强者不要恃才傲物，要注意在礼法的范围内放射自己的光彩。

原文

人卑莫僭，羸马勿驰。草木同衰，咸存其荣。君不正臣谲，君之过也。上无私下说，上之功也。功过由人，尊卑守序。卑不弄权，轻焉。宠不树敌，绝焉。陋不论道，暴焉。堪亲者非贵，远之不辱也。毋失者乃节，恃之必成矣。(《守弱学》)

译文

地位低的人不要冒用地位高的人的名号行事，瘦弱的马不要拼命奔跑。草木同时衰败，它们都有茂盛的时候。君子不公正致使臣子欺诈他，这是君主的过错。上司没有私心才能使下属对他直言，这是上司的功德。功过是由人来决定的，尊卑是靠秩序来维护的。卑微的人不要玩弄权力，因为人们轻视他。受宠信的人不要树立强敌，因为这是一条绝路。浅陋的人不要谈论大道，因为这会显露自己的无知。可以亲近的不是达官贵人，远离他们能免遭羞辱。不能失去的是气节，依靠它一定会有所成就。

解读

不要显示自己的短处，要善于使用自己的长处，否则就会被人欺侮。要始终处于弱势，这样就不会显达，但却安全。

案例

林肯扬长避短

每个人的各个方面都不可能一样长，每个人应该都有自己的短板，所以在任何情况下都不要将短板暴露在敌人面前，即便是不慎暴露也要通过一定的方式、手段化短为长。美国第十六任总统林肯就是一个很善于抓住机遇，扬长避短的人。

当年林肯作为总统候选人进行竞选，可是由于长相丑陋总会被政治对手嘲弄，和林肯共同竞选总统的叫作史蒂芬生·道格拉斯，这个人曾经不止一次地嘲笑林肯的长相。到了候选人答辩阶段，道格拉斯针对林肯的一些作为总结出林肯是一个两面派，说林肯总是有两张面孔出现。林肯立刻根据过去对手说自己长得难看的事实反驳道："如果我有两张面孔，我还会情愿戴这一副吗？"林肯以子之矛攻子之盾的机智回答使得自己在辩论中赢得了人们的一致好评。

同样是在竞选阶段，作为贫民出身的林肯和其他人比起来处于劣势，他甚至在竞选过程中没有自己的专车，每到一处都自己买票坐车前去，这和当时其他竞选人大量资金支持的局面形成了鲜明对比。但是林肯并没有气馁，他演讲的时候说："曾经有人给我写信问我竞选总统有多少财产，我只能说我的妻子和三个儿子都是我的无价之宝。除了这些外，我还租了一个写字间，里边有桌子、椅子还有一个大书架。书架上所有的书都是我的财富，它们中的任何一本都将教会我们人生的哲理。另外，我的财富就是你们，因为你们是我唯一可以依靠的人。"林肯正是运用了这样的方式方法，才使得自己的短处变成了长处，从而赢得了广大民众的支持，竞选总统获得了成功。

战国时期田忌运用了军师孙膑的方法，使得自己整体水平不如君王的马匹在比赛中赢得了胜利；我国著名文学家钱钟书虽然数学不及格，可是却发挥自己的长处，因为文学水平使得清华大学破格录取了他；革命战争时期，我党放弃大城市，采用了"农村包围城市"的方针路线取得了最终的胜利。纵古观今中外，只有具备大智慧者才能够扬长避短，甚至是将短处转换成长处，从而成就一番事业。

原文

功成而身退，为天之道；知进而不知退，为乾之亢。验寒暑之候于火中，悟羝羊之悔于大壮。天人一机，进退一理，当退不退，灾害并至。祖帐东都，二疏可喜，兔死狗烹，何嗟及矣。噫，可不忍欤！（《劝忍百箴》）

译文

功成业就了就抽身而退，这样才合乎自然界的法则和规律；只知前进而不知退守之意，那就会像乾卦中所说的盛极而衰。寒尽暑来，变化更替不止，这是自然界的规律。人处在鼎盛时期应该及时醒悟，否则就像羊撞在藩篱上一样，进退两难。天道变化和人事更替，都是一个道理，都按照一定的规律时进时退，当隐退的时候不隐退，灾难与祸害就会一起到来。西汉人疏广和疏受在功成名就之时及时隐退，他们的做法可喜可贺；但西汉的淮阴侯韩信就不知进退之理，落了个兔死狗烹的结局，真是可悲啊。唉，人在功成名就后怎能不隐退呢！

解读

功成身退是天地之道，因为盛之后就是衰，历史上这样的故事太多了，所以只有当进时进，当退时退才能永享富贵。其中的进退之道还是要在现实生活中去体悟啊。

案例

范蠡功成身退

在面对困难时，我们都知道迎难而上，那么面对荣华富贵时，我们该怎么样？是欣然接受还是巧妙回避？历史告诉我们，功成身退才是智者的选择。

公元前494年，吴越双方展开大战，勾践打算先发制人，打垮吴国，范蠡劝谏他：“天道要求我们盈满，但是不可以过分，要求我们气盛，但是不能骄傲，要求我们辛劳，但是不能自己夸耀自己的功劳。这一场战争，我们不能打。”勾践不听范蠡的劝告，执意和吴国决战，最终惨败会稽山。范蠡劝勾践倾越国之力，保全自己的性命，答应了吴国提出的任何条件。越王勾践在吴王夫差的手下当牛做马，为他进贡，尝其粪便，受到了一系列非人的折磨。

三年之后，夫差送勾践回国。勾践在范蠡、文种的帮助下采取了一系列富国强兵的政策。他鼓励百姓生育，让大家广开田地，储备粮食。同时选拔美女送给夫差，挑选珍奇异宝送给夫差，以使夫差放松警惕。他们悉心辅佐勾践二十年，经过恢复，越国的实力慢慢强大，最终灭掉了吴国。

吴国灭亡，范蠡的功劳首屈一指。但是他急流勇退，他意识到勾践只可以同患难，不能够共富贵，正如他自己所说：“飞鸟尽，良弓藏；狡兔死，走狗烹。越王为人长颈鸟喙，可与共患难，不可与共乐。”正式因为他对勾践有如此清醒的认识，所以在进行封赏的时候，他离开越国，到齐国去做生意，最终富甲天下。而没有认清“功成身退”重要性的文种却为勾践所不容，最终自刎而死。

范蠡作为一个谋臣，很好地把握了进退的关系，最终不仅没有落兔死狗烹的结局，反而富甲一方，成为当时闻名的陶朱公。

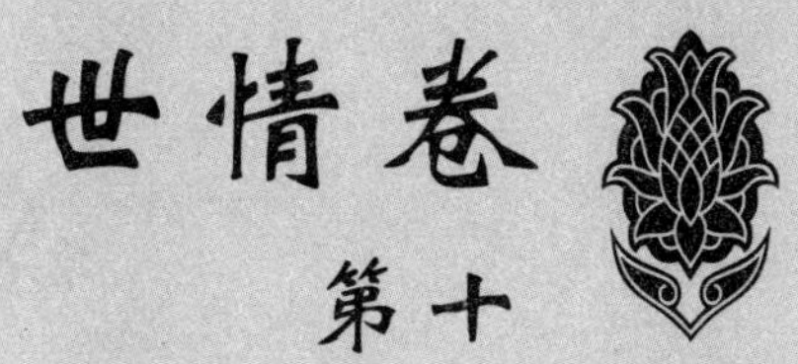

世情卷

第十

原文

无财为贫，原宪非病；鬼笑伯龙，贫穷有命。造物之心，以贫试士，贫而能安，斯为君子。民无恒产，因无恒心，不以其道得之，速奇祸于千金。噫，可不忍欤！（《劝忍百箴》）

译文

没有钱财叫作贫困，原宪虽然贫穷，但不是病；南宋的刘伯龙由于盘算利息而被鬼耻笑，难道不知道贫穷是有命的吗？用贫困来试探士人的心，这也是造物主的用心所在，贫困而且能够安于生活并以此为乐，这才称得上是君子。老百姓没有持久的产业，是因为没有恒心，不走正道而得来财物，是会立即招来灾祸的。唉，人怎能不忍受贫穷呢？

解读

对于贫穷要有正确的认识，不能就此自怨自艾，也不能就此去做非法之事。穷又有什么关系呢？只要心中有快乐，一切都会来的。

案例

四弟子侍座

古人强调“安贫乐道”，希望穷能独善其身，达可兼济天下。但是世人往往被权力、利益吸引，去追求过多的物质财富，为什么不能正确认识贫穷呢？

有时候，贫穷也是一种财富啊。

有一次，子路、冉有、公西华、曾点几个陪孔子坐在一起聊天。孔子问他们：“假如有人了解你们，希望你们去从政，你们会怎么办呢？”子路急忙回答，一个拥有千乘的大国，让他来治理，只要三年，就可以使人民各个有勇气，并且懂得做人的道理。冉有则谦虚很多，他认为自己去治理一个纵横六七十里，或者五六十里的小国，三年的时间可以让百姓富足，礼乐教化方面的，他则办不到，只能等待更贤明的人了。公西华更加谦和，他说自己只能做一个祭祀宗庙的司仪，去学着做一些治国的事情。他们都希望自己能够从政，出仕，得到一定的社会地位。我们再来看看曾点的理想。

暮春时节，他和五六个成年男子，六七个少年，到沂水中洗澡，在舞雩台上吹吹风，唱着歌回家。他的生活或许很贫穷，但是他的心中充满欢乐，他的贫穷，只是物质上的，他的精神生活，却是一般人所不能达到的啊。

颜回也是如此。一箪食，一瓢饮，在陋巷，人不堪其忧，回也不改其乐。他在那么清贫的环境下，还保持着那样的心态，乐观积极面对人生，充满欢乐。你能说这样的生活贫穷吗？

在今天这个物欲横流的社会，有多少人每天为了金钱、豪车、房子而奋斗，得到这些他们就真的开心吗？追求这些就是追求幸福吗？那不一定吧。我们所追求的，更应该是一种精神上的财富。只要心中有快乐，一切都会有的。

原文

富而好礼，孔子所诲；为富不仁，孟子所戒。盖仁足以长福而消祸，礼足以守成而防败。怙富而好凌人，子羽已窥于子皙；富而不骄者鲜，史鱼深警于公叔。庆封之富非赏实殃，晏子之富如帛有幅，去其骄，绝其吝，惩其忿，窒其欲，庶几保九畴之福。噫，可不忍欤！（《劝忍百箴》）

译文

富有而爱好礼仪，这是孔子教诲学生做人的道理；要致富就不能行仁义，这是孟子劝诫人们的。因此说，行仁义之事就足以能够带来幸福而消除灾祸，施礼义之行也足够坚守家国之乐园而防止破败。依仗富有却喜欢欺凌别人，这是子羽对子皙的评价；富有但不骄傲的人是很少的，所以，史鱼才以此警告公叔。庆封的富有不是什么好事，其实是祸害；晏子的富有有一定的限度。去除他们矜夸骄横的行径，断绝他们吝啬的做法，警诫他们的愤怒，克制他们的欲望，富有的人们只有这样差不多还可以保全九畴这样的福分。唉，富足的人怎能没有忍耐之心呢？

解读

财大气粗，富有的人总是以金钱为后盾，为所欲为，但最后受害的只是自己。在当今这个贫富差距越来越大的社会，富人真的应该多自省自己的行为，当然穷人也不要怀有仇富心态。

案例

福王朱常洵

富有的人应当时刻注意自己的言行，如果由着自己的性子为所欲为，那么迎接他的往往会是不好的下场。

明神宗最喜爱的妃子郑贵妃在万历年间生下了第三子朱常洵，所谓爱屋及乌，神宗一直以来都想立此子为太子，可是当时的太后和朝中大臣极力反对，为此还造成了历史上有名的“国本之争”，直到十五年之后，皇上才心不甘情不愿地立了长子朱常洛为太子。为了补偿朱常洵，皇上封其为福王，并且花了三十万金为其成婚。

一般来讲，皇子封王以后应该到封地任职，可是神宗和郑贵妃舍不得让这个宝贝儿子走，于是找了诸多借口，比方说花二十八万两为他重新在洛阳地区建造了一座新的府邸，这期间无处居住就只能留在皇宫了，二十八万两的价格是同等规格王爷的十倍之多。皇上还将国家矿物类的税收全部归到福王的辖地。群臣一直上书让福王到藩地就职，皇上就又给了他两万顷良田，大笔财产，国家相关领地的各种税收，包括国有的盐业税收等，可以说福王这一走基本上抽了大明政府的一条筋。

到了其封地洛阳以后，福王根本就不满足既得财产，他横征暴敛，想尽一切办法搜刮民脂民膏，整个管辖地被他弄得民不聊生。而后，他就在自己的小天地中尽情享乐，当时他每日除了花天酒地外就无所事事了，即便是河南地区连年灾害，粮食颗粒无收，老百姓都开始易子而食了，福王都对自己的臣民不闻不问，不但如此还依然不减各种赋税，人民怨声载道。

明朝末年以李自成为首的陕西农民起义军一路长驱直入，攻入了洛阳，吓得福王带着女眷跑到了城外的寺庙，其他人纷纷落荒而逃，可是朱常洵长得实在是太胖了，连路都走不动，他很快就被起义军给抓了个正着。朱常洵见了李自成再也没有之前作威作福的样子了，他跪倒在李自成面前使劲磕头。当时，李自成从福王那里把他当年搜刮的财宝粮食装满了马车，几千人来运都运了好多时间才运完，这些财物就是后来李自成进军北京城的军费。

朱常洵身处高位，富贵一生，可是永远只为一己之私，贪图个人享乐，从来不为人民着想，最后落得个身首异处的下场。想来也是活该吧！

原文

人生贵贱，各有赋分；君子处之，遁世无闷。龙陷泥沙，花落粪溷；得时则达，失时则困。步骘甘受征羌席地之遇，宗悫岂较乡豪粗食之羞。买臣负薪而不耻，王猛鬻畚而无求。苟充诎詘而陨获，数子奚望于公侯。噫，可不忍欤！（《劝忍百箴》）

译文

人生一世，是富贵还是贫贱，都是命数所定的；仁人君子处之泰然，虽隐世修行却也没有苦闷的感觉。龙如果困陷在浅滩泥沙之中，小动物都敢欺负它；花如果落在粪池之中，就会失去它的价值。人如果获得了机遇就会显达，失去了机会就会受困厄。三国时的步骘心甘情愿接受焦征羌人对他的怠慢，南朝宋时期的宗悫不计较乡里豪族庾业对他的羞辱。朱买臣因为家里贫穷靠打柴为生却不感到羞耻，王猛虽然做过卖畚箕的小贩，却也并非无所追求。如果步骘等人因困迫而失去志气，在富贵时骄横喜悦而失去节制，后来哪里能够登上公侯的位子呢？唉，人在贫贱时怎能没有忍耐之心呢！

解读

世间的机会有时是很少的，所以造就了许多贫贱之人。处贫贱时切不可悲观，内心要有志气，要不断努力，抓住下一个来临的机会。

案例

一代女皇武则天

人生不会一帆风顺，在同样坎坷的人生中，有的人一生贫贱，有的人却能够走出辉煌的人生，究其原因很重要的一点就是后者更善于把握机会。我国历史上唯一的一位女皇帝武则天就是在自己的人生中把握住了有利于自己的机会，从而走上了权力的巅峰。

武则天被选入宫以后成为了太宗李世民的才人，虽然被临幸过，但是并不得宠。后来太宗得病，身为太子的李治前来尽孝，与当时陪在一旁的武才人见面了，两人可谓是一见倾心，正是这次相遇使得一个女子走上了政治舞台。

太宗皇帝去世，身为其妃嫔的武则天就被派到感业寺带发修行，可以说这是她一生之中最为失意的阶段，如果登基为帝的李治忘记了自己，那么她的一生就会在这里度过了。这时候武则天写出了她一生之中艺术成就比较高的一首诗《如意娘》:“看朱成碧思纷纷，憔悴支离为忆君。不信比来长下泪，开箱验取石榴裙。”不过历史证明，太宗皇帝周年祭日的时候，高宗李治带着满朝文武和后宫三千佳丽来到庙里为皇家祈福，李治再次和武则天相会。恰巧当时的皇后王氏嫉妒皇上专宠萧淑妃，就帮助武则天回到了宫中。

武则天刚刚回宫的时候谦逊恭敬，不但深得皇上喜爱，也得到了王皇后的欢心，而她又怀了龙种，一切都向着有利于她的局面发展着。果然，武则天在后宫中的地位越来越高，并且如愿地生下了一个男孩，这就是李弘。而后，她又抓住一切机会，野史记载，武则天甚至亲手杀害自己的长女以陷害皇后，使得皇上废掉王氏立了她为后。高宗越来越信任武则天，在武后进宫不到十年的时间内，她就生下了四男两女，后来与皇上共同执政，称为二圣。

高宗皇帝去世以后，她的亲生儿子继位，可是她自己早已不满足于做一个皇后，做一个皇太后了，她想要成为这世界上独一无二的女皇。公元690年，武则天已经六十七岁了，她自己营造了一系列的活动，终于将自己送上了皇帝的宝座。

两年以后，武则天如愿以偿地登基，改国号为“周”，可以说她身处低谷从来不气馁，见到机会就不会放过，从十四岁进宫到六十七岁称帝，经过五十三年的运作，她成为了我国历史上独一无二的女皇帝。

原文

贵为王爵，权出于天；洪范五福，贵独不言。朝为公卿，暮为匹夫。横金曳紫，志满气粗；下狱投荒，布褐不如。盖贵贱常相对待，祸福视谦与盈。鼎之覆餗，以德薄而任重；解之致寇，实自招于负乘。讼之鞶带，不终朝而三褫；孚之翰音，凶于天之躐登。静言思之，如履薄冰。噫，可不忍欤！（《劝忍百箴》）

译文

世上的禄位最高贵的是王爵，他们的权力是上天所赐予的。《尚书·洪范》篇提到的长寿、福分、康宁、好德、善终等五福，却唯独没有提及富贵。早上是手握大权的公卿，晚上就会失去权力而成为普通老百姓。身居公卿地位的人，腰缠万贯，披红戴紫，志得意满，盛气凌人；福去祸来的时候，就有投入监牢、发配到远方的可能，这样一来反而连老百姓都不如了。高贵和卑贱经常是互为依存、相互变换、没有定数的，祸与福降临在人间也经常是如此。《易经》中的鼎卦说："鼎里面的佳肴被弄翻了，象征凶兆。"道德浅薄却位居高位，策划大事，是不祥之兆。背东西的人却要乘坐君子用的车马，就会招致外敌的到来。因竞争而得到王侯赐的服饰，在不到一天的时间内三次被夺回；《易经》中的孚卦九爻中说："鸡叫翰音，登上了天，因它本来就不是登天的动物，所以是不吉利的象征。"静下心来想这个事，这好像脚踏在很薄的冰上一样危险。唉，人追求富贵也要忍耐啊！

解读

每个人都想高贵，但高贵和贫贱是相连的，所以高贵是很危险的。这里也是提醒高贵之人，要懂得退却。其实高贵和贫贱都是不好的，还是做个普通人好。

案例

阿斗乐不思蜀

我们常说“否极泰来”“乐极生悲”，这和老子讲的“祸兮福之所倚，福兮祸之所伏”是一个意思，也就是说任何事物都具有两个方面，所以富贵和贫贱也是紧密联系在一起的，无论何时何地，处于高位的人都要注意自己的言行，否则祸患就离你不远了。

三国时期魏蜀吴鼎立，刘备去世以后托孤于诸葛亮，前文中我们曾经提到过诸葛亮为了刘家江山可谓是鞠躬尽瘁死而后已。与诸葛亮相比，当时的皇帝刘禅就别提有多不“敬业”了，他每天除了吃喝玩乐外，基本什么事都不做，可是诸葛亮等人相继离世之后，蜀国的国力日益渐微，此时北方的魏国则是日益强大了起来。公元263年，魏国大将邓艾挥军南下，一举攻克了成都，作为蜀国皇帝的刘禅被俘，从此以后历史上就没有了蜀国。

刘禅投降以后，魏国的国君对他倒也客气，将其接到北方，同样供其吃喝，还给他封了一个“安乐公”的称号，用以笼络原来蜀国的臣民。当时魏国的实际大权是由司马昭掌管，司马昭怕刘禅只是看起来比较听话，暗里地存着高远志向，就特地宴请蜀国的君臣，席中他特地请来了蜀地的人表演当地特有的杂耍，其他蜀国大臣看见了暗自神伤，只有刘禅边看边笑，还拍手称赞，一点儿思乡的情绪都没有流露出来，司马昭问道：“难道你都不想自己的故国吗？”刘禅说道：“我在这里吃得饱，穿得暖，住得好，生活如此快乐，怎么会思念故土呢？”这就是成语“乐不思蜀”的来历了。

刘禅身为一国之君，在位期间毫不在意国家大事，仗着有先皇流传下来的基业饮酒作乐，很快从高贵的皇帝变成了卑贱的俘虏；当了俘虏以后还不思悔改，依旧我行我素，过着安逸享乐的生活，正是一位“扶不起的阿斗”啊。

现代人做了一个实验，被称为“青蛙效应”，讲的是若你将一只青蛙直接放进煮沸的水中，它会奋力跳出，但是一旦将其置于冷水中，使其慢慢适应那种安逸的生活，然后再文火煮，青蛙就只有命丧锅中了。可是刘禅还不及这只青蛙，就是把他放在热水中，他也还是开心地享受水中的生活呢！

原文

人谁不欲生，罔之生也，幸而免；自古皆有死，死得其所，道之善。岩墙桎梏，皆非正命；体受归全，易箦得正。召忽死纠，管仲不死，三衅三浴，民受其赐。陈蔡之厄，回可敢死！仲由死卫，未安于义。百金之子不骑衡，千金之子不垂堂。非恶死而然矣，盖亦戒夫轻生。噫，可不忍欤！（*《劝忍百箴》*）

译文

哪个人不想活着呢？不正直的人活着只是苟且偷生罢了。人生自古谁无死，死得有价值有意义才称得上是合乎正道。在危险的地方和因犯罪而死亡的人，这都不是正常的死亡；曾子病重时，挣扎着坐起来让人换上席子，然后才认为他可以正正当当地死。齐桓公即位后，杀了公子纠，召忽也死了，而跟随公子纠的管仲到了鲁国才得以不死。后经鲍叔牙推荐，齐桓公便派使者接管仲回来，并三次洗澡，三次用香涂自己的身体，这才亲自到郊外迎接管仲。管仲帮助齐桓公称霸天下，人民丰衣足食，享受着他的恩泽。孔子在陈蔡被人围困，颜渊后来才赶到。孔子还以为他死了，颜渊对孔子说：“您在，我怎么敢死呢？”孔子的弟子仲由，因参与宫廷斗争而死在卫国，孔子认为他死得没有意义。百金之家的后代就不骑在栏杆上玩耍，千金之家的后代就不坐在房子边缘。这并非是怕死，实在是避免拿生命当儿戏的做法。唉，面对死亡，人怎能不忍耐呢！

解读

人的生命是宝贵的，因此死就要死得有意义。古人讲舍生取义、杀身成仁，就是对死的意义的最好概括。一方面我们要珍惜生命，另一方面在仁义面前可以死得其所。

案例

李大钊杀身成仁

孔子说："志士仁人，无求生以害仁，有杀身以成仁。"这就告诉我们真正的君子在面临生存和仁义的时候，更应当保持自己的情操，在仁义面前死得其所。

李大钊是我国的无产阶级先驱战士，出生于河北乐亭，他出生的时候正值我国处于帝国主义列强的侵略下，我国已经处于半封建半殖民社会了。随着时代的变迁，越来越多的爱国者投身到探索国家出路，解决民族苦难的行列中，在辛亥革命、新文化运动、五四运动等一系列活动的大背景下，李大钊走上了革命的道路。

李大钊同志是我国最早接触到马克思主义的先驱人之一，他在 1913 年于日本留学期间就已经学习到了社会主义思想，回国以后就开始宣传"德先生"和"赛先生"，其独立的人格、狂热的激情和五四运动时期狂飙突进的时代背景紧密结合。1917 年苏联社会主义的胜利，更是激励了他革命的决心，他发表了一系列的相关文章，像《庶民的胜利》《布尔什维主义的胜利》都极力赞颂十月革命，他用自己不同于常人的敏锐的观察力和洞察力认识到中华民族要想走向富强之路，就一定要通过无产阶级革命。而在对十月革命的宣传中，李大钊同志也成长成为一名合格的无产阶级战士，成为了我们国家最早的马克思主义的传播者，尤其是在五四运动中，他更是大张旗鼓地向全国人民介绍了马克思主义理论。

而后，李大钊积极活动，促进了我党的初建工作。他在北京组织马克思学说研究会，在北京领导一些党小组和共青团，1921 年中国共产党正式成立，可以说李大钊的前期工作功不可没。我党成立以后，李大钊更是领导了北方的工作，无论是思想政治宣传还是工人运动的组织都有声有色。

1927年4月6日，奉系军阀张作霖色结帝国主义。在北京逮捕李大钊。在狱中，反动派对其施以酷刑，李大钊要么就用沉默对抗，要么就据理力争，在自己的生命和信仰之间，他勇敢地选择了信仰，当时年仅三十八岁。

生命，对于每个人来讲都只有一次，对于每个人来说都珍贵万分，但是当自己的生命与自己心中的信仰相互矛盾的时候，我们应当杀身成仁，正如匈牙利诗人裴多菲所写的那样：

生命诚可贵，爱情价更高。若为自由故，二者皆可抛。

原文

所欲有甚于生，宁舍生而取义。故陈容不愿与袁绍同日生，而愿与臧洪同日死。元显和不愿生为叛臣，而愿死为忠鬼。天下后世，称为烈士。读史至此，凛然生风。苏武生还于大汉，李陵生没于沙漠，均为之生，而不得并记于麟阁。噫，可不忍欤！（《劝忍百箴》）

译文

追求的东西超过了生命，那么宁可舍弃生命而追求道义。所以陈容不愿与袁绍同日生，而愿与臧洪同日死。元显和宁可死而做个忠鬼，而不愿活着当个叛臣。天下后世的人们，都把他们这些为道义而死的人称作真正的烈士。史书读到这儿，使人对他们的凛然正气生出敬佩之情。苏武在匈奴牧羊十九年，最终得以保全生命，回到西汉；李陵兵败被俘，贪生怕死，投降匈奴，在匈奴尽其天年。两人都保住了生命，但李陵并不能与苏武共同在麒麟阁上受人供奉。唉，人怎能不学会忍耐呢！

解读

既然死要有意义，那么生自然就要更有意义。苏武和李陵的例子就很能说明生的意义，苏武的生是为了回到汉朝，而李陵则是贪生怕死，所以要知道如何生比知道如何死更有意义。

案例

李陵和司马迁

古人十分注重气节，在遭受凌辱与死亡之间，往往会选择死亡来成全大义，可一味的死亡就是最好的选择吗？那倒不一定。

李陵投降匈奴之后，汉武帝龙颜大怒，下令群臣不得劝谏，不得为其求情，如有胆敢进言的，一律处以极刑。作为太史令，他也希望把最真实的一面记录下来，让事情的真相浮出水面。于是不顾众人的劝阻，上书汉武帝，为李陵辩护，阐述其行为符合道义所在。汉武帝并没有接受他的劝谏，把他打入监牢，让他反省。最后给了他两条选择的道路：要么死亡，成全自己；要么接受腐刑，做一个非人的人。司马迁肩负父亲的嘱托，再苦再难，也要完成父亲的遗愿，修著史书。权衡利弊，他选择了后者。

遭受宫刑，这对他的人生是一种巨大的折磨，对他的精神，可以说是毁灭性的打击。但是他并没有因此而消沉，放弃自己的理想信念，正好相反，他更加奋发图强，搜集整理史料，写出了“史家之绝唱，无韵之离骚”的千古史学巨著——《史记》，从而开创了我国纪传体通史的先河。

如果司马迁选择了死亡，还会有《史记》传世吗？如果他选择了死亡，还会有这么高的赞誉吗？我们需要民族气节，需要为民族大义而牺牲的人，但是有时候，我们也需要考虑一下，生的意义是不是比死更大？如果是这样，暂时的受辱应该是值得的，我们也会明白，知道如何生，比知道如何死更有意义。

原文

不作无益害有益，不贵异物贱用物。此召公告君之言，万世而不可忽。酣游废业，奇巧废功，薄博废财，禽荒废农。凡此无益，实贻困穷。隋珠和璧，蒟酱筇竹，寒不可衣，饥不可食。凡此异物，不如五谷。空走桓玄之画舸，徒贮王涯之复壁。噫，可不忍欤！（《劝忍百箴》）

译文

不能做无益的事来损害有益的事，不可以看重新奇的东西而贱视老百姓的日常用物。这句话是召公告诫周武王的话，即使一万年以后，这句话仍然具有重要的意义。过分沉溺于游猎，对事业会有害处；掌握了过多的技巧，就会荒废光阴；喜欢赌博，就会废弃钱财；喜欢田猎，就会荒废农时。这些无益的事，的的确确是导致贫困的祸根啊。无论是楚国隋侯的宝珠，还是卞和的和氏璧，或者是唐蒙所见的蒟酱，抑或是西域的筇竹杖，这些东西寒冷时不能当衣穿，饥饿时不能当饭吃，都比不上五谷杂粮啊。晋朝的桓玄因喜好书画而特命做一轻便的船只装之，结果影响了自己军队的斗志，兵败被杀。唐代的王涯因爱名书名画和金子玉石等特凿开墙壁以贮藏，后也因事被杀，其所藏也被人全部拿走。唉，人对没有用的爱好怎能不忍耐呢！

解读

人有爱好是件好事，但要看这个爱好有没有好处。如果是没好处的爱好，就要设法戒掉，或者少玩之，不然就会误了大事。

案例

木匠皇帝朱由校

一个人不能没有爱好，但是这个爱好应当和自己的身份相符，切不可玩物丧志。

明熹宗朱由校是神宗的孙子，由于神宗自己荒废朝政，同时不喜欢太子，而熹宗的父亲光宗又很早去世了，所以朱由校胸中并没有多少墨水，他也因为文化水平低出了不少的笑话，但是这并不能影响他天生的心灵手巧，明熹宗是我国历史上所有帝王最坚持个人爱好的一个皇帝，后世称之为“木匠皇帝”。

朱由校对所有的木器活儿、建筑业的事情都非常喜爱，宫中很多的木工活他都要亲自上阵操作。明朝时期，由于工艺问题木匠造出来的床都很费原料，样子难看，重量又沉，难以移动，皇上就亲自开动脑筋，画了图纸，然后又自己锯木头，钉钉子，用了一年的时间造出一张折叠床，不但携带方便，样式还很新颖。除了做一般的家具外，朱由校还喜欢用木头雕刻玩具，他做出来的人偶明眸善睐，惟妙惟肖，有的还能活动。他还经常自己拿上好玉石雕刻各种小印章，心情好的时候就赏赐给手下的太监宫女。不但如此，明熹宗还能够建造机关繁复的房屋，从设计到绘图，从木工到成型，无一不是亲自上阵，若是建造成功，他就手舞足蹈，若是建造失败也不气馁，而是寻找原因直至达到自己满意，为了达到自己要求的技艺，可谓废寝忘食，乐此不疲。

朱由校把自己所有的心思都用到了这些事情上，祖宗传下来的基业早已被他抛诸脑后了。他先是在后宫封了自己的乳母客氏，使得整个后宫的权力落到一人之手，在前朝他又重用魏忠贤，魏忠贤为了打压敌对势力东林党人，专门趁皇上做木工在兴头的时候请其批复奏章，皇上就随口说：“我已经知道啦，你看着办吧！”就这样魏忠贤逐渐把持了朝政。魏忠贤又和客氏两人相互勾结，狼狈为奸，终于将一个好好的大明王朝败得差不多了。

朱由校从小就爱好木工活，对于自己喜爱的东西也深入研究，他制作的工艺品可以说代表了当时的最高水平，可是身为一个皇帝，他却任由自己的兴趣发展，丝毫不关心民间疾苦，不懂得“治国平天下”，那么即使在自己爱好的领域有了一番作为，最后却将自己的王朝白白葬送了，其情可叹啊！

原文

露才扬已，器卑识乏。盆括有才，终以见杀。学有余者，虽盈若亏；内不足者，急于人知。不扣不鸣者，黄钟大吕；嚣嚣聒耳者，陶盆瓦釜。韫藏待价者，千金不售；叫炫市巷者，一钱可贸。大辩若讷，大巧若拙。辽豕贻羞，黔驴易蹶。噫，可不忍欤！

译文

过于宣扬自己的才能学识，为人上显得品质不高尚。盆成括这个人好耍小聪明，最终被人杀害。学问博大精深的人，虽然他们满腹经纶，但仍谦虚地装出学问不足的样子。学问不多的人，反倒总是希望别人知道他。天底下最有内涵、最有修养的人像金石有声音一样，不敲击就不响；没有学问和学问不多的人像瓦盆铁锅发出声音一样，喧扰嘈杂。真正宝贵的东西往往藏而不露，待价而沽，一千两黄金也不会轻易出售；而那些沿街叫卖的东西往往不值钱，很少的钱就可以买来。最善于辩论的人往往像是不会说话似的；最聪明的人像个呆子。在辽东看到猪头是白色的，便引以为奇想要献给朝廷而贻羞，黔驴也就是由于露出了全部本领，才引来杀身之祸。唉，人想炫耀才能和技巧时，怎能不忍一忍呢！

解读

炫技在这个互联网时代是常有的事，但是在炫技的同时也要懂得谦逊，不然就会被人吐槽了。

案例

陆玩的雅量和王述的涵养

魏晋时期是我国思想大爆炸的时期，鲁迅先生曾经在1927年写了一篇文章，叫《魏晋风度及文章与药及酒的关系》，专门来讲这个问题，在那个时期，有很多有才华的人，但是他们从不夸耀自己的本领，从不显示自己的品质，因为这些人深知“内涵”的真正意义。

东晋时期，有一个官员叫作陆玩，这个人本身资质平平，没有什么过人之处，但是却极具雅量。在王导等几位当时著名的世族去世以后，陆玩当上了司空，当时很多人都不服气，甚至有一个人跑到陆玩家里直接管司空大人要酒喝。陆玩二话不说就奉上美酒，而那个人接过酒杯毫不客气地喝了起来，他看也不看陆玩一眼，径自走到大厅的柱子跟前感慨道：“柱子啊柱子，我给你敬酒啊！因为我朝中无人，只能让你当栋梁之才喽！”这番话很明显是在讽刺陆玩啊，可是陆玩并没有生气，反而说道：“好的，您的这些话全都是金玉良言，您所有的教诲我都已经深记在心了！”身在司空之位的陆玩没有炫耀自己的身份和地位，面对侮辱自己的人有如此雅量，真应了那句“宰相肚中能撑船”啊！

无独有偶，同样是晋朝时候，一个叫王述的人也是很有涵养的。有一次，一个身份地位都比王述低的人因为一点点小事就跑到王述府上破口大骂，王述根本不理此人，一个人坐在墙前，面对着墙闭目养神，任凭对方说什么都不理。过了很久听不到声音了，他才睁开眼睛，气定神闲地问下人那人是否已经离开。后人评价王述说他是一个真诚大度的人，想来和这些事情也有着密不可分的联系啊。由此可见，所有的涵养经常会在沉默的时候才能显现出来！

当今社会有真才实学的人很多，但是不要挟技强出头，要有一定的雅量和涵养，否则你有可能像《西游记》中有着七十二般变化的孙悟空一样，在大闹天宫显赫一时之后，最终会被如来佛祖压到五指山下！

原文

为可为于为之时，则从；为不可为于不可为之时，则凶。故言行之危逊，视世道之污隆。老聃过西戎而夷语，夏禹入裸国而解裳。墨子谓乐器为无益而不好，往见荆王而衣锦吹笙。苟执方而不变，是不达于时宜。贸章甫于椎髻之蛮，炫缟絅履于跣足之夷，衫絺冰雪，挟纩炎曦，人以至愚而谥之。噫，可不忍欤！（《劝忍百箴》）

译文

在可以做事的情况下做可以做的事情，这样则会顺利；在不可做的时候做不能做的事，则会有凶险。所以，自己说话做事是高洁还是谦逊，要看政治的清明与否。凡人应该和世道相投合，所以老子到西戎各国就学习说那里的语言；夏禹到裸国去也毫不犹豫地把衣裳脱了。墨子认为音乐用处不大而不喜好它，但他去拜见荆王时却穿着锦衣，吹着笙。如果偏执一隅而不知变通，那他就是不合时宜的人。到炎热的闽越一带去卖衣帽；到赤脚行走的地方去卖鞋子；在天寒地冰、冰天雪地里却只穿着汗衫；在赤日炎炎的夏季却穿着棉衣，人们将这些行为都称为是最愚蠢的。唉，为了合乎时宜，人怎能不忍耐呢！

解读

做事要合乎时宜，不能教条主义，更不能自我主义，在这个互联互通的时代，只有紧跟时代，才能有所为，有所成。

案例

郑人买履

人们常常强调，我们做事情要合乎时宜，要学会变通。但是总有那么一些人死搬教条，最终耽误了自己，还有可能耽误大家。

古时候，郑国有一个人，他的鞋子坏了，于是他想要去集市上买一双适合自己的鞋。当时的集市都有固定的上下班时间，所以他必须要抓紧时间。他抬头望望太阳，发现时间尚早，足够他买上鞋，并早日归家。为了早点回来，他提前测量好了自己脚的尺码。带着满心的欢喜，他兴致勃勃地来到集市，找到一家鞋店，卖鞋的人询问他脚的尺码，他全身翻找，这时才觉得糟糕了。他把测量好的尺码落在了家里。卖鞋的人提醒他，为什么不拿自己的脚去试一试鞋呢？他还振振有词:“我的尺码是准的，脚却是不准的！”卖鞋的人瞪大了眼睛，无奈地摇摇头，看他下一步的举动。

此时的他着急得像热锅上的蚂蚁，团团转。他再一次抬头看看天上的太阳，觉得还有时间。于是他飞奔回家，发现自己测量好的尺码静静地躺在桌子上，他拿了尺码，再一次奔到集市上，当他到达的时候，却发现集市早已经关门了。

我们嘲笑他，觉得这个人愚不可及。可有好多时候，我们是不是也做了像他那样的事？面对一堵高墙的时候，好多人都想着如何才能翻过去，大家为什么不想着绕过去呢？坚忍不拔是一种良好的品质，但有时候，变通才是克服困难的最好的办法。

面对纷繁复杂的社会，我们必须紧跟时代变化，用灵活的态度应付各种事情，才有可能取得成绩。

原文

人之少年，譬如阳春，莺花明媚，不过九旬，夏热秋凄，如环斯循。人寿几何，自轻身命；贪酒好色，博奕驰娉；狎侮老成，党邪疾正；弃掷诗书，教之不听。玄鬓易白，红颜早衰，老之将至，时不再来。不学无术，悔何及哉！噫，可不忍欤！（《劝忍百箴》）

译文

人的少年时代就像春天一样阳光明媚，但过不了三个月，就到了炎热的夏季，接着就是凄清的秋天，如一年四季循环往复。人的寿命有多长，岂可自己轻视自己的生命；沉溺于酒色和赌博；结交不三不四之徒，与好人结仇；《诗》《书》一类的经书弃掷一地而不学习，别人的教导也听不进去。等到头发变白，青春的容颜忽然衰老，过去的时光一去不复返了。自己却没有学到多少有用的知识和技艺，此时后悔也来不及啊。唉，人年少之时对那些无益的嗜好怎能不忍耐呢？

解读

少年是人生最美好的一段时间，但却很短暂，所以要抓紧时间长本领，不能荒废。这就需要少年忍住不做许多无益之事。

案例

闻鸡起舞

花有重开日，人无再少年。少年时光作为人生的起点，就好比初升的太阳，风华正茂的少年就需要在青春韶光之中奋发图强，做一些有意义的事情。

魏晋南北朝，是中国历史上比较动乱的时期，西晋王朝的江山摇摇欲坠之时，仍有人坚持祖国大义，为了祖国而奋斗，这就是闻鸡起舞的祖逖和刘琨。

西晋初期，刘琨和祖逖是司州（今天河南洛阳的东北部）的主薄，晚上的时候，他们俩人同床而睡，一起谈论国家大事，研究兵法。由于两人志趣相投，他们常常讨论到深更半夜。有一天夜里，他们睡得正香，一阵阵鸡鸣声把祖逖惊醒。他睁开眼睛，发现窗外仍是漆黑一片，只有一轮残月挂在半空，太阳还没有升起。他心想：这是在提醒我呀，要抓住每一寸光阴。他把刘琨叫醒，让他听听鸡鸣之声，跟他说："这可不是什么坏事呀！这只鸡催我们起床，是让我们抓紧时间勤奋用功啊！"刘琨点头称赞。俩人非常高兴，穿衣起床，拿上自己的佩剑，走出屋子，借着晨曦的微光舞剑。

从此以后，他们只要一听见鸡鸣，就起床舞剑，苦练武艺，白天则研究兵法，增长学识。最终，他们都成为了很有名的将军。中流击水的豪言壮语，正是来自祖逖。公元 308 年，刘琨作为并州刺史，抵抗匈奴，望着疮痍荒凉的并州城，他化悲痛为力量，坚持守城。他亲率士兵守城，采取计策让匈奴各部相互猜疑，使这里恢复了原来的面貌。这都是他们年少有为的表现。

黑发不知勤学早，休将白发唱黄鸡。梁启超发出了"少年强，则国强"的呐喊，周恩来总理从小就知道要"为中华之崛起而读书"，作为当代的少年，大家更应该抓紧时间，努力学习，增长本领，为了中华民族的伟大复兴，为了实现我们的中国梦，而努力奋斗。

原文

利者人之所同嗜，害者人之所同畏。利为害影，岂不知避！贪小利而忘大害，犹痼疾之难治。鸩酒盈器，好酒者饮之而立死，知饮酒之快意，而不知毒人肠胃；遗金有主，爱金者攫之而被系，知攫金之苟得，而不知受辱于狱吏。以羊诱虎，虎贪羊而落井；以饵投鱼，鱼贪饵而忘命。虞公耽于垂棘而昧于假道之假，夫差豢于西施而忽于为沼之祸。匕首伏于督亢，贪于地者始皇；毒刃藏于鱼腹，溺于味者吴王。噫，可不忍欤！（《劝忍百箴》）

译文

利是人们所共同喜好的，害是人们所共同畏惧的。利是害的影子，难道不知道躲开它！贪图小利却忘记大害，这犹如得了顽疾一样难以治好。毒酒盛满了酒器，喜爱喝酒的人喝了就会立刻死去，他们只知道喝酒的痛快，却不知道毒酒能毒坏肠胃；掉在地上的金子本有所属，喜欢金子的因拿了金子而被官府抓住，抢金的人只知道得到金子，却不知会被官府抓住受罚啊！用羊来引诱老虎上当，老虎因贪求能吃到羊肉而落入陷阱中；用饵料来钓鱼，鱼儿因闻得香饵而上钩丢掉性命。虞公因贪得良马与垂棘之地所出之美玉而借路于晋国，而忘记了借道的目的有诈。吴王夫差豢养了西施，却不知吴国灭亡正是豢养西施的行为造成的。秦始皇因贪求督亢的地图，才招致荆轲用匕首刺杀他一事；吴王因贪吃美味佳肴，专诸就藏剑于鱼肚子里，乘机将吴王杀死。唉，利害关头，怎能不忍耐呢！

解读

人们常说见利忘义，其实最贴切的或许是见利忘害。利益的背后往往是陷阱在等着你，所以在你得到利益时，要多思考一下其中的害处。

案例

残暴的董卓

老子的思想中蕴含了我国最古老的辩证法思想，他提出的“祸福相依”的观点蕴含了矛盾双方相互转换的道理。利害关系也是如此。

东汉末年，董卓篡权，挟持天子和太后，在朝廷中大搞“顺我者昌逆我者亡”，朝中大臣对此颇为不满，可大家手中没有兵权，董卓身边还有一个武功高强的吕奉先，众人对此也是无可奈何。曹操自告奋勇，想通过献宝刀的计策来除掉董卓，可惜被发现，最终功亏一篑。司徒王允极度忧伤，他收养的女儿，一个绝色美女貂蝉想要为他分忧，在王允的安排下，她自告奋勇，在吕布和董卓之间进行花言巧语。董卓娶了貂蝉，天天与她交欢，吕布则认为貂蝉是被董卓抢走，两人关系陷入了紧张状态之中。

凤仪亭中，矛盾进一步激化，父子俩人（吕布是董卓的义子）终于反目，董卓认为吕布调戏爱妾，从此不准他再进入后堂，吕布认为好色的董卓抢占自己的未婚女人，还想要杀他，这样的父亲不认也罢。

俩人的反目是王允最想看到的局面，他邀请吕布到家里做客，席间为吕布惋惜，认为将军的武功独步天下，为何屈居在董卓的淫威之下，连自己的女人也保护不了。吕布冲冠一怒为红颜，在董卓上朝的路上，杀死了祸国殃民的董卓。

为了一个女人，自己死于非命，本来可得的江山也陷入了战乱之中。董卓在得到貂蝉这个美女的时候，是不是想到了“红颜祸水”的故事？这恐怕是他始料未及的吧。当今社会又何尝不是如此，有的官员包养情妇，收受贿赂，最终只落的个家破人亡。我们学会用矛盾的观点看问题，在看到利益的同时，是不是也应该看到利益背后的祸害？如果心被利益驱使，往往会落个惨败。

原文

祸兮福倚，福兮祸伏，鸦鸣鹊噪，易惊愚俗。白犊之怪，兆为盲目，征戍不及，月受官粟。荧惑守心，亦孔之丑，宋公三言，反以为寿。城雀生乌，桑谷生朝，谓祥匪祥，谓妖匪妖。故君子闻喜不喜，见怪不怪，不崇淫祀不虚费，不信巫觋之狂勘。信巫觋者愚，崇淫祀者败。噫，可不忍欤！（《劝忍百箴》）

译文

灾祸中可能有幸福潜藏其中，幸福中可能有灾祸潜藏其中。喜鹊叫往往会有远方的人来到，乌鸦叫则预示着不吉利；这些对世俗之人可以起到告诫的作用。宋国有一家好行仁义的人，三代都是这样。一天他家的黑牛生下一头白牛犊，孔子说这是吉兆，不久其父眼瞎。牛又生下一头白牛，其子眼也瞎了。后来楚国攻打宋国，年轻力壮者差不多都战死，只有这家父子因残疾而幸免于难，并每月接受国家的救济。宋景公心里被荧惑星（即火星）缠住，懂星相的子韦说让他把灾祸转嫁给别人，说了三种方法，宋景公说了三句非常善良的话而没有听从子韦的，结果上天延长了景公二十一年的寿命。鸟雀在城边生了一只乌鸦，占卜的人说是吉祥的象征，帝辛就沾沾自喜，胡作非为，结果家破国亡。桑和谷都在宫中长出来，占卜的人说这是不吉祥的征兆，于是武丁小心翼翼地治理国家，国家变得繁荣富强，并没有发生灾祸。所以君子听到好事而不喜形于色，见到怪异的事也不大惊小怪。不花费很多金钱和精力去进行徒劳无益的祭祀，不去相信神巫们的胡言乱语。因为相信巫师的妖言则会使人变得愚蠢，花费大的财力精力去进行无益的祭祀会导致家破国亡啊。唉，人怎能不忍耐呢!

解读

福祸相依，这是古人早就告诉我们的，但真正能在福中想到祸，在祸中想到福的人却很少。祸来了要看到未来，福来了更要看到未来，因为未来每一刻都是变化的。

案例

塞翁失马

古人都非常重视祸福之事，不管是占卜，亦或是祈祷，都是为了生活里能多一点福气。我们的祖先同时又认识到，祸福之事不必强求，应该顺其自然，看到福中之祸，祸中之福，祸福是相互转化的。古书中就曾记载了这样一则故事。

古时候，在边塞地区，就是今天的长城附近，有一个老翁，他非常精通术数，能够推测人事的吉凶祸福。有一天，不知什么缘故，他的马挣脱了缰绳，跑到了胡人的领地上。邻居们得知此事，都过来安慰他，劝他不要伤心。他对邻居说:“大家怎么知道这不是一件好事呢?”大家都面面相觑。

几个月以后，他丢失的马居然回来了，而且，还从胡人那里带来了一匹骏马。邻居们见此情景，都来向他祝贺。他并没有接受大家的祝贺，说了一句十分扫兴的话:“这怎么就不能是一件坏事呢?”

因为生长在塞外之地，他的家中有许多好马，而他的儿子呢，也喜欢骑马，经常骑马游玩。看到那匹骏马，他的儿子就想尝试一下，结果从马上摔了下来，摔断了自己的大腿。这时，邻居们非常惋惜，都过来安慰他。老头儿却并不伤心，对大家说:“这怎么就不能是好事呢?”邻居们都觉得他精神有问题。

一年以后，胡人看中了中原的富庶与繁华，就对中原大举用兵，边塞地区受害最为严重，许多青壮年男子都拿起了武器，投向军营，与胡人打仗，保卫自己的家园。有战争就会有死亡，经过这一场战争，绝大多数靠近边塞地区的壮年男子都战死了。这个老翁的儿子，却因为自己的瘸腿，没有被征调入伍，父子俩都保全了性命，相依为命。

老子就曾经说过“祸兮，福之所倚；福兮，祸之所伏”。他很清晰地看到了祸福相依的关系，而这个老翁，也正是用一种发展变化的眼光去看待身边的事情，不因为坏事而悲伤，也不因好事而过度兴奋。我们面对事情，是不是也需要这样一种平和的心态？